HALLO!

»Diesmal habe ich bei der Recherche versucht, mit geschlossenen Augen einen Fußball zu halten. Der kam zwar klingelnd zum Tor gekullert, aber was soll ich sagen: Fenja konnte das besser. Die 14-Jährige ist **von Geburt an blind**. *Ich habe sie zu Hause besucht, in die Schule begleitet – und eben mit ihr Fußball gespielt. Wie sie ihren Alltag meistert, hat mich sehr beeindruckt. Ihr lest die Geschichte auf Seite 50.«*

Annika, Textredakteurin

»Eigentlich dachte ich immer, Magierinnen und Magier seien große Geheimniskrämer, die ihre Tricks im Verborgenen üben. Umso erstaunter war ich, dass ich mich einfach so **in der Zauberwerkstatt der Ehrlich Brothers Andreas und Chris** *umschauen durfte – und wie offen die Brüder mit mir über ihre Arbeit gesprochen haben. Was hinter ihren Illusionen steckt, erzählen sie euch ab Seite 40.«*

Simone, Textchefin

»Sie sind nahezu unsichtbar, einfach weil sie sehr klein sind – dabei sind sie am häufigsten vorkommenden Tiere der Erde. Von wem ich spreche? Von Fadenwürmern! Für diese Ausgabe habe ich einen von ihnen zum Interview gebeten. Darin erzählt er, dass er und seine Artgenossen quasi überall auf dem Planeten leben, sogar in der Antarktis. Und dass sie einen wertvollen Beitrag für unseren Planeten leisten. Darauf sind die Winzwürmer stolz, sehr stolz. Aber lest selbst, ab Seite 56 … «

Verena, Heftredakteurin

Jetzt macht mal einen Punkt – indem ihr einen nach dem anderen verbindet und sichtbar macht, was Jan, Nele, Annika, Jan Moritz, Simone, Verena und Nadine (von links nach rechts) vom **GEOlino-EXTRA-Team** in Angst und Schrecken versetzt

SCHREIBT UNS!

Wie gefällt euch die neue Ausgabe? Wir freuen uns über Lob, Kritik und Anregungen – per Mail an: briefe@geolino.de

Titelfoto: Noorhussain/iStock; Titelillustrationen: Manuel Kilger für GEOlino EXTRA; Fotos: privat; Illustrationen: Shutterstock

INHALT

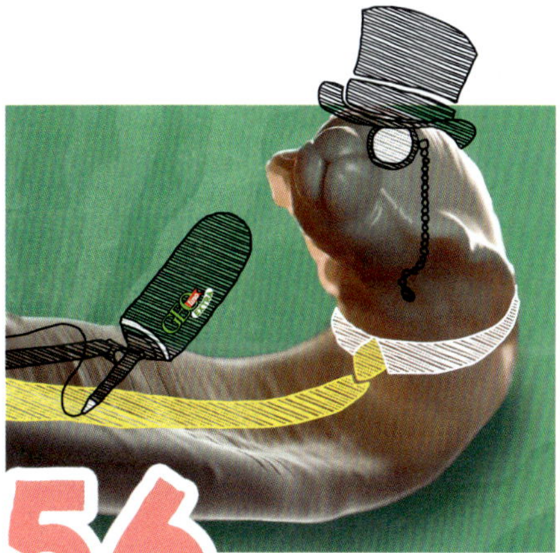

Mehr von GEOlino ...

... bekommt ihr in unserem Podcast auf die Ohren. Der erscheint jeden Mittwoch auf **geolino.de/podcast** und überall dort, wo es Podcasts gibt.

... findet ihr auch im Netz:

Fotos: imago (l. o. l., l. u. r., r. m. u.); Benedikt Beck (l. o. m.); mauritius images (l. u. r., r. o. m.); Ralph Larmann (r. o. l.); Swantje Wehr (r. u. l.); CERN (r. m. m.); Moritz Münch (r. o. r.); Manuel Kilger (r. m. r.); Shutterstock

Im Verborgenen

Sie sind zu weit weg, versteckt oder einfach winzig: Viele **Phänomene** im Universum oder in unserem Körper könnten wir ohne technische Hilfsmittel gar nicht wahrnehmen. Auf den nächsten Seiten jedoch machen wir das Unsichtbare für euch sichtbar ...

— Text: Heiko Kammerhoff

Foto: ESA/Hubble/NASA

Weltraum

Auge im All

Den Sternenhimmel von der Erde zu beobachten ist einfach überwältigend. Mit einem leistungsstarken **Teleskop** lassen sich dabei sogar weit entfernte Himmelskörper entdecken. Doch die Nacht kann noch so klar und dunkel sein – die schützende Atmosphäre um unseren Planeten legt sich stets wie ein leichter Schleier vor das Teleskop. Eine **Galaxie** wie NGC 7753 (Foto) im Sternbild Pegasus, die rund 240 Millionen Lichtjahre entfernt ist, lässt sich von der Erde aus deshalb nie so scharf fotografieren. Mit dem Weltraumteleskop Hubble und seinen Nachfolgern änderte sich vor rund 30 Jahren unser Bild des Universums. Die Teleskope kreisen jenseits der Atmosphäre als Satelliten um die Erde und senden gestochen scharfe Bilder zu uns. So wie das von NGC 7753.

Foto: imago

Höhlen

Tiefe Einblicke

Wie lange könnt ihr die Luft anhalten? Um nach einem Gummiring auf dem Boden des Schwimmbeckens zu tauchen, reicht es wohl aus. Alles, was tiefer ist, bleibt den meisten Menschen jedoch verborgen. Die Cenoten in Mexiko etwa, mit Süßwasser gefüllte Höhlensysteme (Foto), lassen sich nur mit einer guten **Tauchausrüstung** und einer großen Portion Mut erkunden. Das Gleiche gilt auch für die Tiefsee. Spätestens 200 Meter unter der Meeresoberfläche kommt kein Licht mehr an. Die **Ozeane** der Erde sind an vielen Stellen aber gleich mehrere Kilometer tief. Verborgen in der Finsternis lebt eine fantastische Vielfalt an Tieren. Nur zu Gesicht bekommen wir sie kaum – höchstens mit speziellen Tauchrobotern und Tiefseekapseln.

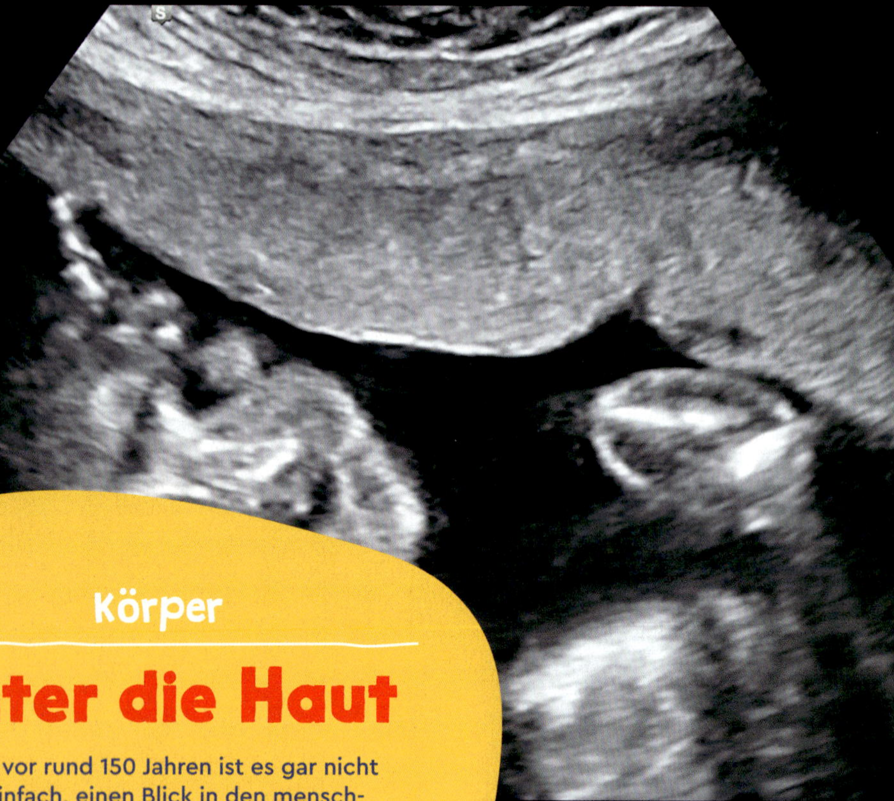

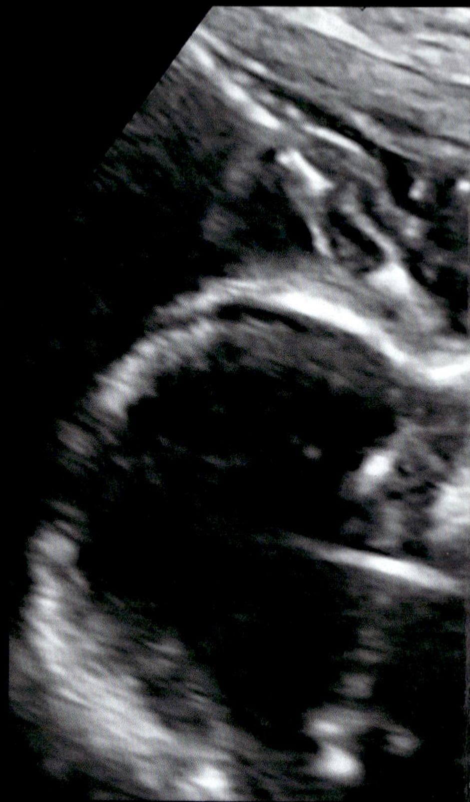

Körper

Unter die Haut

Noch vor rund 150 Jahren ist es gar nicht so einfach, einen Blick in den menschlichen Körper zu werfen. Eigentlich geht das nur, wenn man ihn aufschneidet – bei einer Operation zum Beispiel. Doch dann ermöglichen verschiedene Erfindungen Ärztinnen und Ärzten ganz neue Untersuchungen, etwa die **Sonografie**. Dabei wird das Gewebe mithilfe von Ultraschallwellen abgetastet und in ein Bild verwandelt. Es ist eine Art verschwommenes Live-Fernsehen aus dem Körper. Bei Schwangeren zeigen die **Aufnahmen**, ob das ungeborene Kind sich gut entwickelt. Und ob es sich um einen Jungen oder ein Mädchen handelt.

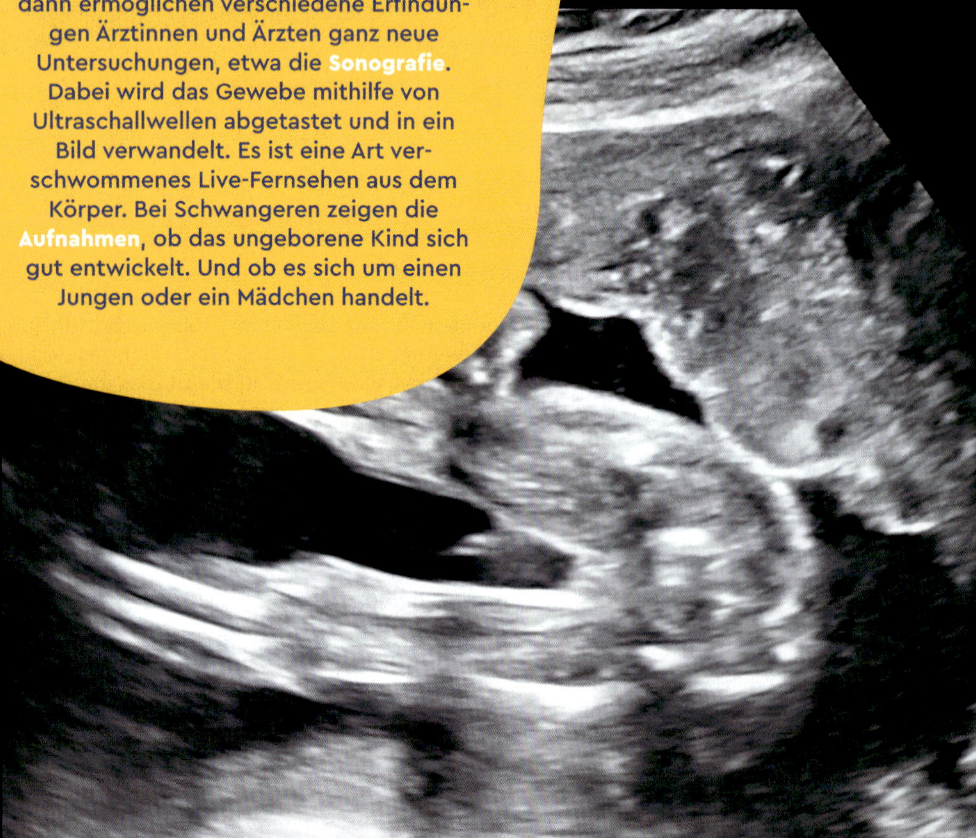

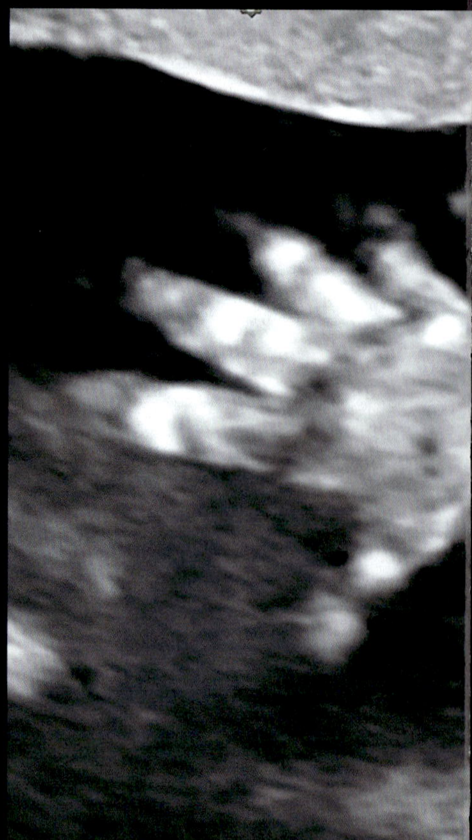

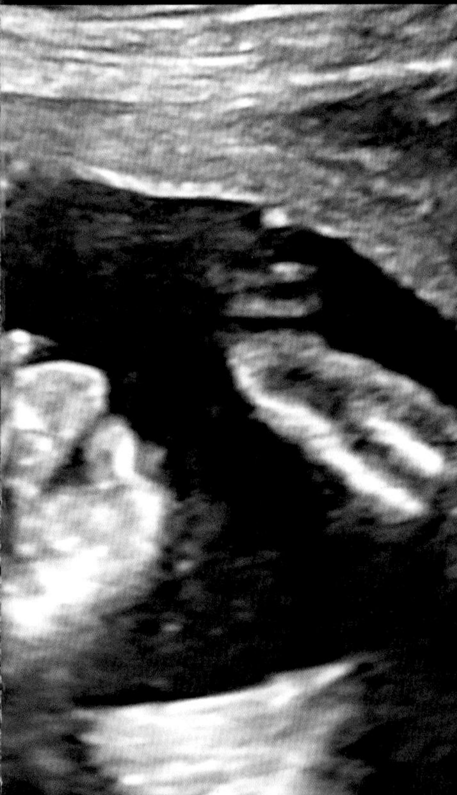

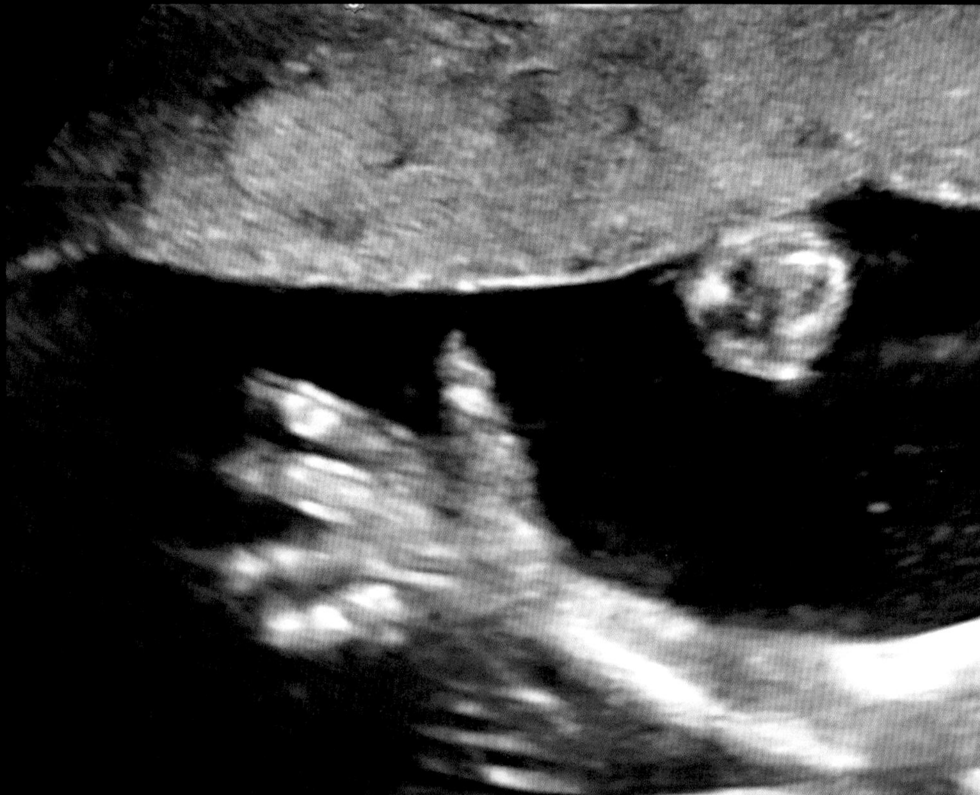

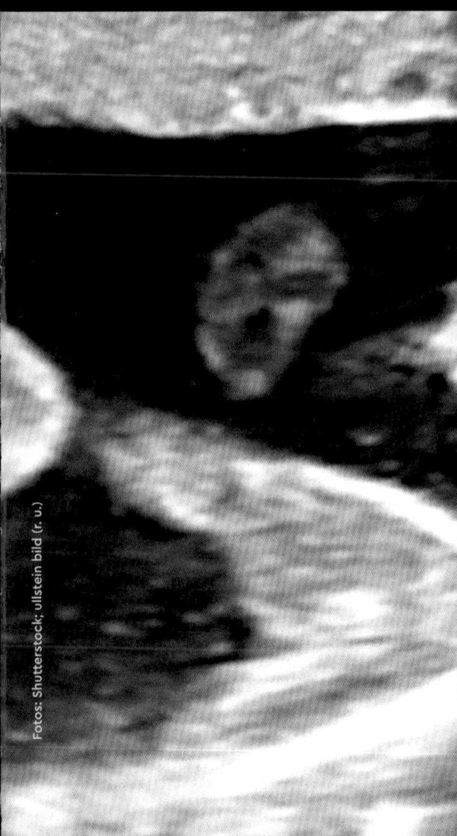

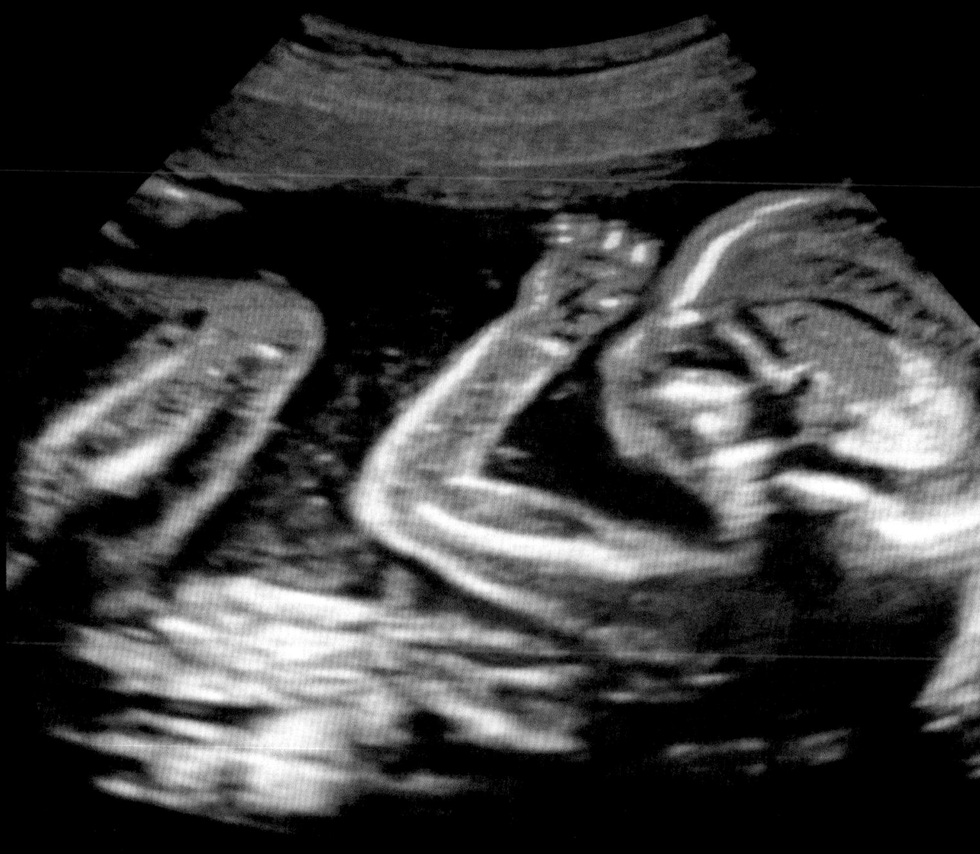

Fotos: Shutterstock; ullstein bild (r. u.)

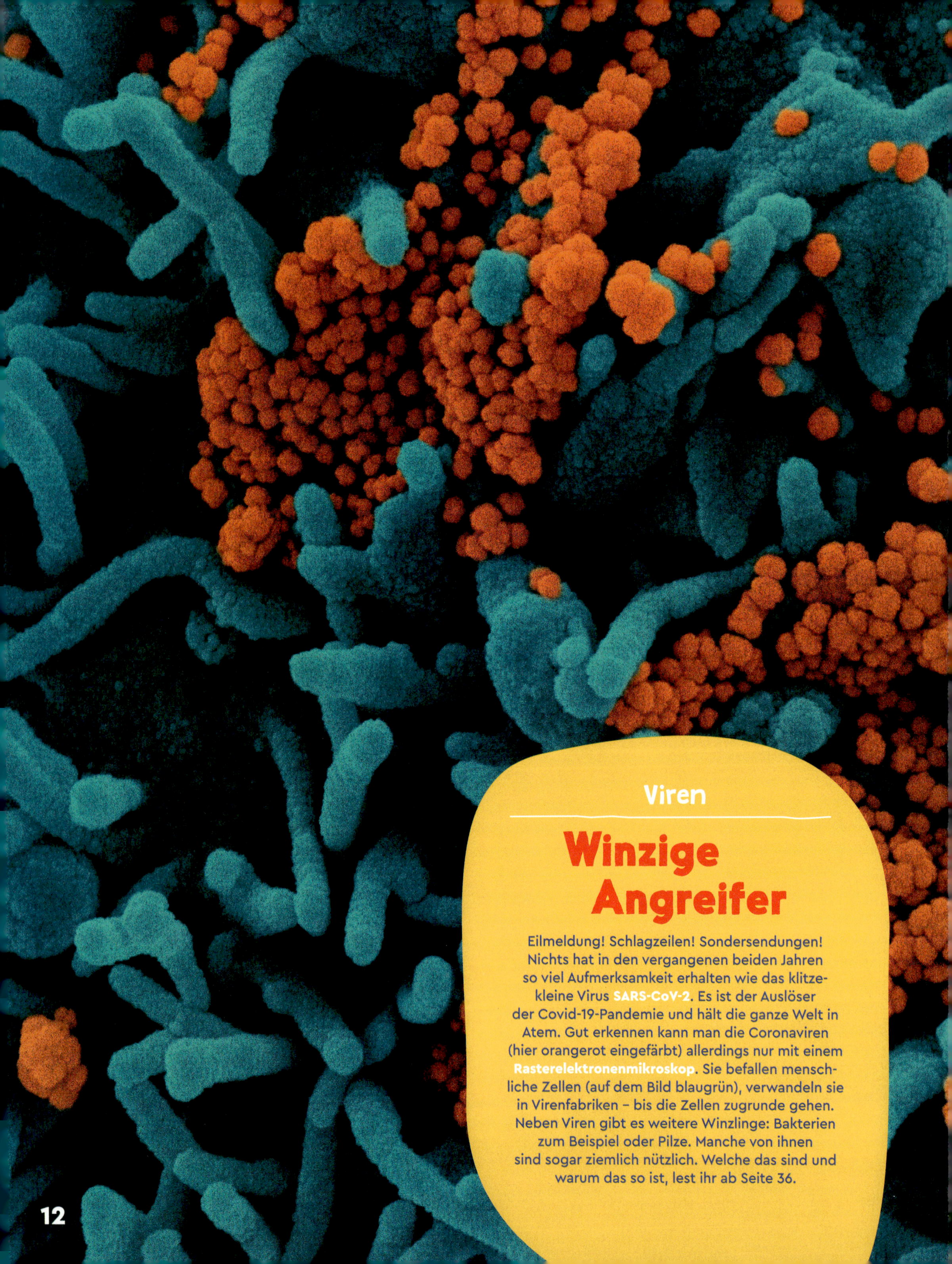

Viren

Winzige Angreifer

Eilmeldung! Schlagzeilen! Sondersendungen! Nichts hat in den vergangenen beiden Jahren so viel Aufmerksamkeit erhalten wie das klitzekleine Virus **SARS-CoV-2**. Es ist der Auslöser der Covid-19-Pandemie und hält die ganze Welt in Atem. Gut erkennen kann man die Coronaviren (hier orangerot eingefärbt) allerdings nur mit einem **Rasterelektronenmikroskop**. Sie befallen menschliche Zellen (auf dem Bild blaugrün), verwandeln sie in Virenfabriken – bis die Zellen zugrunde gehen. Neben Viren gibt es weitere Winzlinge: Bakterien zum Beispiel oder Pilze. Manche von ihnen sind sogar ziemlich nützlich. Welche das sind und warum das so ist, lest ihr ab Seite 36.

START-BLOCK

Die wichtigsten Fakten vorweg

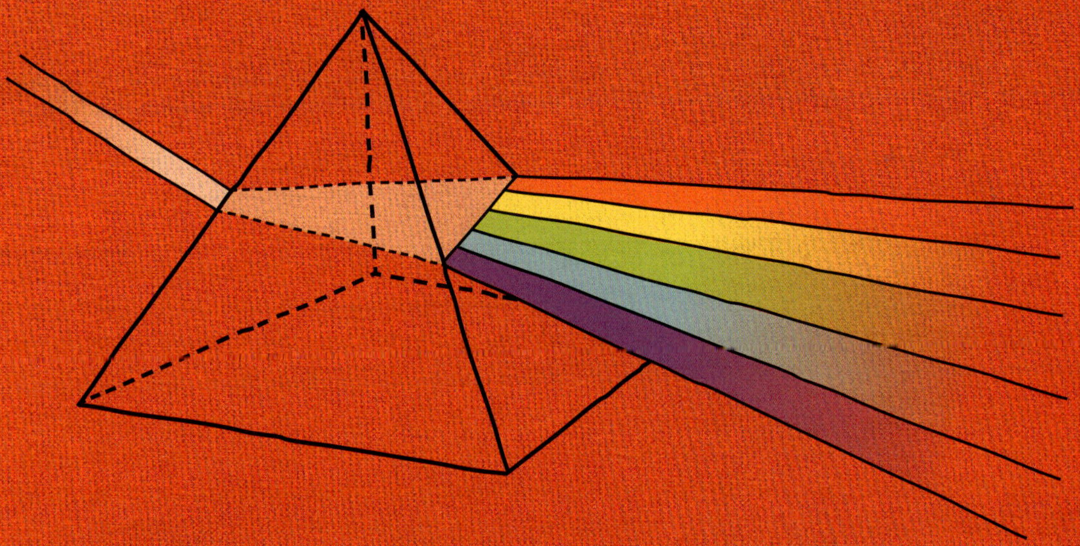

SICHTBARKEIT

— Text: Verena Linde und Stefan Greschik

Fotos: dpa/picture alliance (l.); Shutterstock (r.)

STRAHLUNG

Ohne Licht sind alle Dinge unsichtbar. Doch was ist Licht eigentlich? Es besteht aus elektromagnetischen Strahlen. Diese stellen sich Forschende oft als Wellen vor, ähnlich den Wasserwellen. So wie diese Gummi-Entchen auf und ab schwappen lassen, können elektromagnetische Wellen elektrisch geladene Teilchen bewegen. Allerdings sind nicht alle elektromagnetischen Wellen Lichtstrahlen – sondern nur diejenigen mit einer ganz bestimmten Wellenlänge

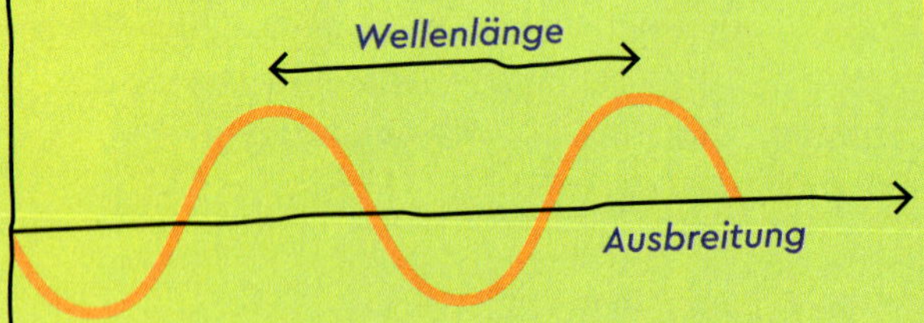

Wellenlänge:

Die Wellenlänge ist der Abstand zwischen zwei gleichen, aufeinanderfolgenden Punkten, etwa den obersten Punkten zweier Wellenberge. Die Wellenlänge bestimmt, wie viel Energie die Strahlung besitzt und wie sie auf die Umwelt wirkt.

1 Radiowellen

Die Superlangen

: EIN METER BIS 100 KILOMETER

Weil Radiowellen Luft und Wolken durchdringen, eignen sie sich, um Funksignale für Radio, TV und Smartphones zu übertragen. Sie werden oft mithilfe riesiger **Funkmasten** ausgesendet und empfangen und können sich an der Erdoberfläche oder geradlinig durch die Luft ausbreiten. Radioteleskope nehmen sie aus dem Weltall auf.

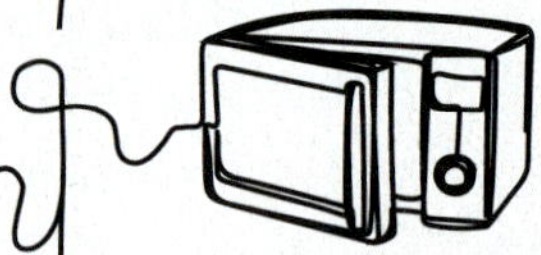

2 Mikrowellen

Die Heißmacher

: EIN MILLIMETER BIS EIN METER

Mikrowellen werden etwa verwendet, um Daten per WLAN oder Bluetooth zu übertragen. Sie können aber auch Nudeln oder Suppe blitzschnell erwärmen. Dabei rütteln die Mikrowellen an den Wassermolekülen im **Essen** und bringen sie zum Schwingen. Dabei reiben sie an anderen Wassermolekülen und erwärmen die Speise so.

3 Infrarotstrahlung

Die Detektivstrahlen

: 800 NANOMETER* BIS EIN MILLIMETER

Infrarotstrahlung wird oft **Wärmestrahlung** genannt, denn jeder Körper strahlt sie ab. Wir können sie mit unseren Augen zwar nicht sehen, aber sie lässt sich nutzen: Fernbedienungen schicken über sie Befehle etwa zu TV-Geräten.

4 Sichtbares Licht

Die Buntmacher

: 400 BIS 800 NANOMETER

Nur diesen kleinen Teil der elektromagnetischen Strahlung können wir sehen. Das sichtbare Licht wird von der Sonne ausgesendet. Unser Gehirn nimmt es als weiß wahr, obwohl es eigentlich aus unzähligen bunten **Lichtteilchen** besteht, den Photonen. Auch Glühbirnen und andere künstliche Lichtquellen senden sichtbares Licht aus.

5 Ultraviolettstrahlung

Die Gefährlichen

: EIN BIS 400 NANOMETER

Ultraviolettstrahlung, auch **UV-Licht** genannt, ist die besonders energiereiche Sonnenstrahlung, die durch die Atmosphäre die Erde erreicht. Sie kann Schäden anrichten und uns etwa im Sommer die Haut verbrennen.

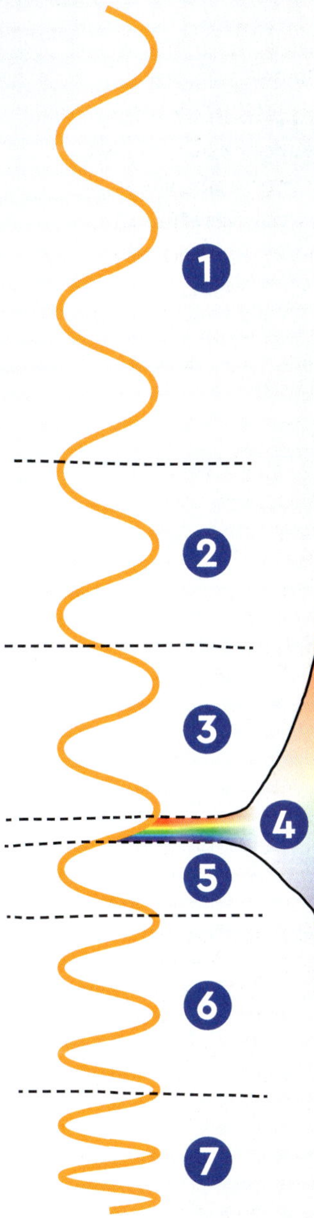

Wie Licht Dinge sichtbar macht

Ohne eine Lichtquelle wie die Sonne würden wir überhaupt nichts sehen. Erst wenn ihre Strahlen auf einen Gegenstand treffen, davon zurückgeworfen werden und in unser Auge gelangen, können wir diesen wahrnehmen

Farbigkeit

Weißes Licht ist, wie bereits erwähnt, nichts anderes als ein Gemisch aus bunten Lichtteilchen – von rot bis violett, wie bei einem **Regenbogen**. Farben sehen wir, wenn die Mischung nicht vollständig ist, also einige Farben fehlen. Schauen wir etwa eine Banane an, werden alle Lichtteilchen von dieser verschluckt – bis auf die gelben. Die prallen von ihr ab wie Tischtennisbälle und treffen schließlich auf unsere Augen.

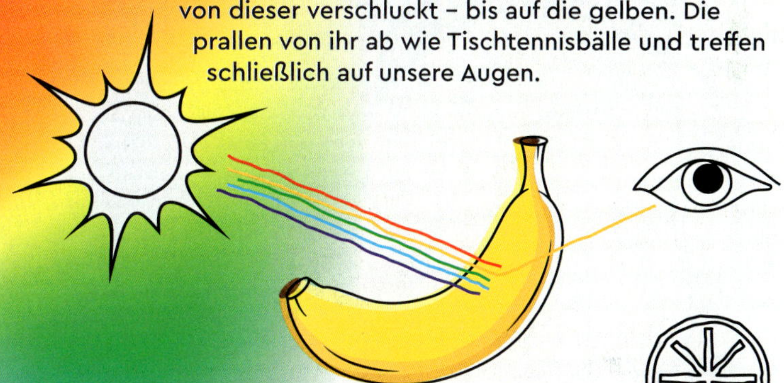

Durchsichtig

Luft und **Glas** reflektieren so gut wie gar kein Licht, sondern lassen die Wellen passieren. Deshalb können wir ungehindert hindurchsehen.

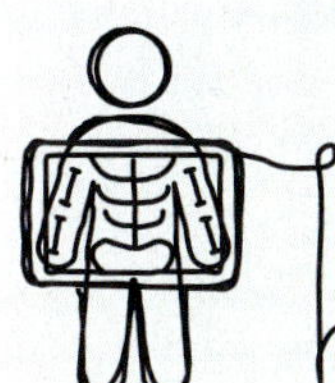

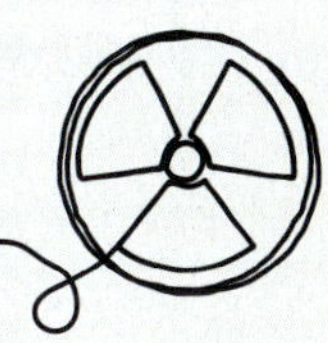

6 Röntgenstrahlen

Die Durchblicker

: ZEHN PIKOMETER BIS EIN NANOMETER**

1895 entdeckt der deutsche Physiker Wilhelm Conrad Röntgen durch Zufall eine bislang unbekannte Strahlenart, die Dinge in seinem dunklen **Labor** hell aufleuchten lässt. Heute werden die nach ihm benannten Röntgenstrahlen von Ärztinnen und Ärzten genutzt, um ins Körperinnere zu schauen.

7 Gammastrahlen

Die Energiemonster

: KLEINER ALS ZEHN PIKOMETER

Achtung, Gefahr! Gammastrahlen haben so viel Energie, dass sie sogar dicke Bleiblöcke durchdringen. Sie können Zellen zerstören und Krebs auslösen. Gammastrahlen sind allerdings sehr selten. Auf der Erde entstehen sie nur beim Zerfall von radioaktiven Stoffen, etwa in Atomkraftwerken und im **Weltall** durch Gas, das in schwarze Löcher stürzt.

* Ein Nanometer entspricht einem Millionstel Millimeter
** Ein Pikometer entspricht einem Tausendstel Nanometer

SEHEN

Dank unserer Sinne können wir die Welt um uns herum wahrnehmen. Nahsinne wie Riechen, Schmecken und Tasten liefern uns nur Informationen über das, was uns direkt umgibt. Unsere Fernsinne, also das Sehen und das Hören, lassen uns auch Dinge bemerken, die weiter weg sind. Lichtreize, also die elektromagnetische Strahlung, die wir als »sichtbares Licht« bezeichnen, nehmen wir mithilfe unserer Augen wahr

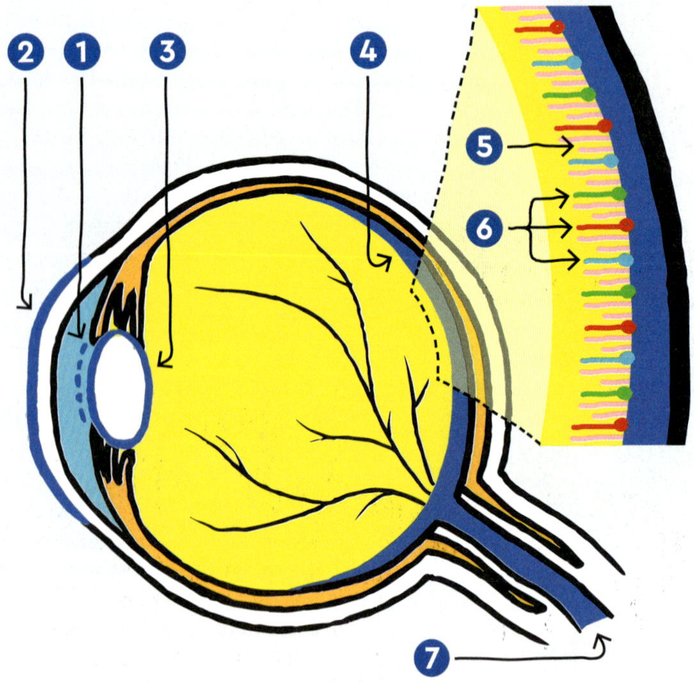

Das Auge

In der Mitte der Iris, dem farbigen Teil des Auges, liegt die Pupille 1. Je nachdem wie viel Licht ins Auge gelangt, weitet sie sich oder zieht sich zusammen. Nachdem die Strahlen die Hornhaut 2 durchdrungen haben, fallen sie durch die Pupille auf die Linse 3. Durch den kugelförmigen Glaskörper hindurch trifft das Licht schließlich auf die Netzhaut 4. In ihr liegen lichtempfindliche Zellen: die Stäbchen 5, mit denen wir Grautöne wahrnehmen. Und die Zapfen 6, die jeweils auf bestimmte Farben reagieren, nämlich auf rotes, blaues und grünes Licht. Alles, was Stäbchen und Zapfen registrieren, leitet der Sehnerv 7 ans Gehirn weiter, wo wir die Eindrücke interpretieren – und etwa als Banane erkennen.

Fotos und Illustrationen: Shutterstock; Jan Moritz Baltruweit/GEOlino mini (l. o.)

Wie Tiere sehen

Im Laufe der Evolution haben sich die Augen verschiedener Tierarten unterschiedlich entwickelt, je nachdem wo sie leben, was sie fressen und wer ihre Feinde sind. Die wenigsten sehen genauso wie wir

Alles im Blick

Pferde sind Fluchttiere. Bei ihnen sitzen die Augen seitlich am Kopf. So behalten sie fast alles um sich herum im Blick und merken früh, wenn sich ein Feind nähert – auch von hinten. Nur die schmalen Bereiche direkt vor und direkt hinter ihnen deckt das Blickfeld nicht ab.

Farbspektakel

Bienen sowie einige andere Insekten sehen, was uns verborgen bleibt: ultraviolette Strahlung. In diesem Licht heben sich viele Blüten deutlich vom Hintergrund ab und locken die Insekten an.

Wärme sehen

Bei Dunkelheit können Schlangen Infrarotstrahlung mit ihrem Grubenorgan wahrnehmen – also Wärme, die von ihrer Beute ausgeht. So können sie Säugetiere, deren Körper meist deutlich wärmer sind als die Umgebung, auch in der Dunkelheit aufspüren.

Technische Hilfsmittel

Viele unsichtbare Dinge können wir Menschen nur mithilfe von schlauen Erfindungen wahrnehmen. Einige davon stellen wir euch hier vor

Nützlich in der Nacht

Eine **Wärmebildkamera** macht Infrarotstrahlen elektronisch sichtbar. Rot steht für viel Strahlung, also für Wärme. Geringere Strahlung, also weniger Wärme, wird orange, gelb und das Kälteste in Blau dargestellt. So können wir auch in der Dunkelheit sehen.

Durchblick

Mit einem **Röntgengerät** lässt sich durch Haut und Muskeln bis auf die Knochen blicken. Das funktioniert, weil unsere Knochen weniger Röntgenstrahlen hindurchlassen als das übrige Gewebe unseres Körpers. Sie erscheinen auf den Aufnahmen daher heller und erlauben Ärztinnen und Ärzten, Brüche genau zu untersuchen.

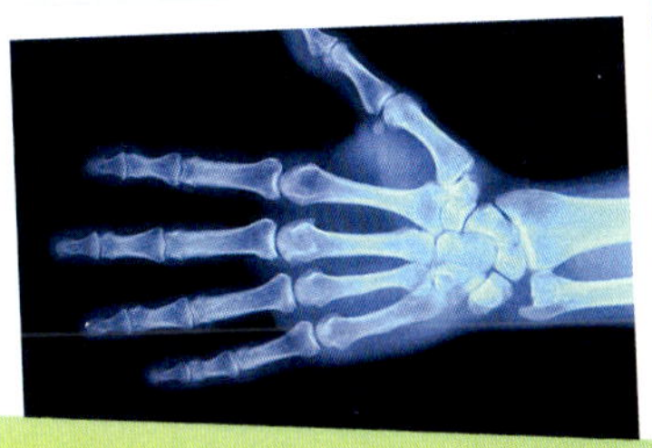

Einfach riesig!

0,2 Millimeter – alles, was kleiner ist, können wir mit bloßem Auge nicht erkennen. Wir greifen dann zu einer Lupe, also einer geschliffenen Linse, oder sogar zu einem **Mikroskop**. Bei diesem Gerät wird das Licht durch eine Reihe von Linsen geschickt, wodurch selbst Gegenstände sichtbar werden, die 0,0005 Millimeter klein sind (mehr dazu ab Seite 62).

In die Ferne schweifen

Wer weit in den Weltraum schauen will, nutzt ein Teleskop. Sichtbares Licht wird darin von einem Hohlspiegel aufgefangen. Dieser ist wie eine Schale geformt, wodurch das Licht auf genau einen Punkt im Zentrum des Teleskops zurückgeworfen und gebündelt wird. Die größten **Spiegelteleskope** der Welt haben Durchmesser von rund zehn Metern. Damit können Forschende mehrere Milliarden Lichtjahre weit sehen – also tief in die Vergangenheit des Universums. Neben optischen Teleskopen gibt es auch solche, die andere Strahlen einfangen, etwa Radio- oder Röntgenteleskope.

Zeichen setzen

Auch Gedanken sind unsichtbar. Schon früh nutzen Menschen Worte, **Symbole** und Buchstaben, um sie festzuhalten. Heute kommt es uns ganz selbstverständlich vor, die Idee oder Geschichte eines anderen Menschen zu lesen.

Ganz schön helle

Katzen können ihre Pupille besonders weit öffnen und daher auch bei schwachem Licht gut sehen. Zudem verfügen ihre Augen über eine Sonderausstattung: Die einfallende Strahlung wird an der Rückwand des Glaskörpers von einer reflektierenden Schicht, dem *Tapetum lucidum*, noch einmal zurückgeworfen und passiert die Netzhaut daher zweimal. Es kommt also deutlich mehr Licht an.

Weitsichtig

Greifvögel erkennen ihre Beute aus mehreren Hundert Meter Höhe. Sie besitzen nämlich wesentlich mehr Sinneszellen auf ihrer Netzhaut und können damit drei- bis viermal besser sehen als der Mensch.

Fantastisch!

WOZU UNSERE VORSTELLUNGSKRAFT GUT IST

Dieses Reich ist riesengroß – und trotzdem unsichtbar. Denn es existiert allein in unseren Köpfen: das Reich der **Fantasie**. Wir haben Mädchen und Jungen gebeten, uns in ihre vorgestellten Welten mitzunehmen. Und einen Forscher gefragt, warum wir die Fantasie überhaupt brauchen

Text: Katharina von Ruschkowski —— Illustration: Benedikt Beck

Wenn die Abendnachrichten mal wieder von Klimawandel, Artensterben und Corona berichten, haut Louis einfach ab aus dieser Welt. Der Zwölfjährige flieht dahin, wo die Menschen wieder vernünftig mit Natur und Tieren umgehen. Er streift durch weite, windgekämmte Grasebenen. Links zieht eine Elefantenherde vorbei, rechts stehen hohe Bäume und Häuser in Bienenwabenform, andere gleichen gigantischen Metallspinnen. Es sind transportierbare Labore, durch die Forschende stets am rechten Ort sein können: in Erdbebengebieten oder in der Nähe von Krankenhäusern, um dort rettende Medikamente zu erfinden. Vor allem eines gegen diese blöde Muskelkrankheit, unter der Louis' Brüder leiden.

Louis kennt „Grasland" genau, kann jeden Winkel davon beschreiben. Dabei gibt es keine Landkarte davon, kein Mensch hat den Ort je gesehen – bis auf Louis. Denn die wundervolle Welt existiert allein in seiner Fantasie.

Diese ist ein Zaubermittel: Wer sie besitzt, kann sich Welten erschaffen, fliegen lernen, Bäume zum Sprechen bringen, Supermaschinen erfinden. Das Wort Fantasie stammt aus dem Griechischen und bedeutet „Erscheinung". Andere übersetzen es auch mit „Vorstellungs- oder Einbildungskraft". Manche Forschende sagen: Sie gehört zu dem, was uns zum Menschen macht. Nach allem, was wir wissen, besitzen nicht einmal die schlauesten Menschenaffen diese Superkraft.

Dank ihr haben wir Menschen es weit gebracht: Hätten sich unsere Ahnen nicht irgendwann ausgemalt, hinterm Horizont auf neue Erdteile zu stoßen, wären sie wohl nie in See gestochen, um dann Amerika oder Australien zu ▸

Foto: privat

Clara und Emily, beide 12 Jahre alt

»In unserer Fantasiewelt Olanda gibt es einen großen Bauernhof, auf dem wir mit unseren Freundinnen und vielen Tieren leben, mit Pferden, Schweinen und Kühen. Dahinter beginnt der Wald, in dem Bäume in den Himmel wachsen mit so riesigen Blättern, dass man darauf schaukeln kann.«

entdecken. Ohne die verrückte Vorstellung, wie ein Vogel zu fliegen, hätte ein Tüftler wie Otto Lilienthal niemals seinen Flugapparat erfunden. Und weil sie das Geschirrspülen verabscheute – stets ging dabei Porzellan zu Bruch –, fantasierte die US-Amerikanerin Josephine Cochrane einen Automaten herbei, der das für sie erledigt; im Jahr 1886 meldete sie das Patent für den Geschirrspüler an.

Trotz allem hatte die Fantasie lange keinen guten Ruf. Selbst Forschende sahen darin nur zeitraubende Spinnerei und behaupteten sogar: Jungen und Mädchen müssten aufhören mit all dem Fantasieren, um zu vernünftigen Erwachsenen zu werden.

Hannes Rakoczy schüttelt den Kopf: „Fantasie braucht man ein Leben lang.“ Denn erstens, sagt der Göttinger Psychologieprofessor, bringe sie Spaß und Unterhaltung ins Leben. Darum seien Fantasy-Bücher, -Filme und -Computerspiele auch so beliebt. „Harry Potter“, „Der kleine Prinz“ und „Der Hobbit“ gehören zu den meistverkauften Kinderbüchern der Welt.

Aber Fantasie habe, erklärt Hannes Rakoczy weiter, auch ganz handfesten Nutzen: „Sie hilft uns, Probleme zu lösen oder Rollen einzuüben, die wir später wirklich übernehmen.“

Der Forscher erzählt, dass sich darum schon Zweijährige in andere Welten träumen, in denen sie aus unsichtbaren Tassen trinken oder mit Fantasie-Freunden plauschen. Jedes dritte – manche Fachleute sagen sogar, jedes zweite Kind – habe eine Zeit lang solch einen unsichtbaren Begleiter, mit dem es lacht oder Probleme klärt. Vielleicht habt ihr das ja selbst schon bei euren kleinen Geschwistern erlebt …

Was dabei im Hirn passiert? Hannes Rakoczy sagt: „Wer fantasiert, denkt offline.“ Er meint damit: Normalerweise reagiert unser Gehirn ständig auf das, was es gera-

Auf nach Fantasia!

Mit diesen Tricks trainiert ihr eure Fantasie:

1. RAUS MIT EUCH!
Eine Studie aus den USA zeigt: Wer spaziert, denkt freier. Der weite Blick verändert auch das Denken.

2. COMPUTERSPIELE SPIELEN!
Kein Witz! Videospiele, durch die man in fremde Welten eintaucht, fördern die Fantasie. Das gilt natürlich auch für Fantasy-Bücher.

3. BLAU SEHEN!
Farben beeinflussen unser Denken. Während Rot die Aufmerksamkeit schärft, regt Blau die Fantasie an. Darum: Schreibt einfach mal auf blauem Papier.

4. EINE ROLLE SPIELEN!
Wenn ihr ein Problem lösen wollt, hilft es manchmal, in die Rolle des Träumers zu schlüpfen, der grenzen- und gesetzlos herumspinnen darf.

de mithilfe unserer Sinne tatsächlich sieht, hört, liest. In der Fantasie Reisende kappen diese Verbindung zur echten Welt für eine Weile – und puzzeln sich eine eigene aus „inneren Bildern" zusammen, die sie irgendwann einmal gesehen und gespeichert haben; eine Welt, in der alles möglich ist.

Und solche Gedankenspiele sind eben keine sinnlose Spinnerei, sie machen schlau. Das beweisen auch etliche Experimente. Vor ein paar Jahren etwa lasen Forschende in den USA Kindern Geschichten vor, um ihnen damit Wissen über Kochen und Landwirtschaft zu vermitteln. Waren die Infos in Fantasie-Storys verpackt, lernten die Jungen und Mädchen mehr als jene, die Alltagserzählungen lauschten. Denn: Kinder fasziniert fast alles, was sie nicht kennen. Je weniger eine Geschichte mit dem wahren Leben zu tun hat, desto intensiver setzen sie sich damit auseinander. Sie lernen.

Bei einem anderen Versuch entführten Forschende einige ihrer jungen Testpersonen in Fantasie-Welten, in denen Helden die Wände hoch- oder durch sie hindurchgehen konnten. Anschließend legten sie ihnen knifflige Aufgaben vor. Das Ergebnis: Kinder, die vorab eigentlich unmöglichen Dingen gelauscht hatten, lösten die Aufgaben nun aufmerksamer und einfallsreicher als Gleichaltrige, die auf dem Boden der Realität bleiben mussten. Die Fantasie-Reisenden dachten anders und freier.

Kurzum: Wer die Welt verändern und verbessern will, sollte ihr öfter einfach mal entfliehen – ins Reich der Fantasie, genau wie Louis. Der Zwölfjährige möchte später vielleicht als Forscher arbeiten, erzählt er, und sich für eine Welt einsetzen, in der es allen besser geht: Tieren, Menschen und vor allem seinen Brüdern. ■

Fotos: privat

TEST

Wie fantasievoll bist du?

Fliegen wie ein Vogel oder Fußball spielen wie Messi – mit Fantasie geht alles. Wie leicht fällt es euch, euer Gehirn zum **Träumen** zu bringen? Macht den Test und findet es heraus!

1 **Dein Fahrrad ist kaputt, und du überlegst, wie du heute in die Schule kommst. Wie viele Möglichkeiten fallen dir in drei Minuten ein?**

A: ein oder zwei ●

B: drei bis sechs ▲

C: mehr als sechs ■

2 **Stell dir vor, du dringst mit einem Raumschiff in fremde Galaxien vor. Dort entdeckst du:**

A: Gelb gestreifte Kusignurpse mit 16 Beinen, die durch die Luft schwimmen, singende Blumen und … ■

B: Ein paar staubige Klumpen, höhere Lebensformen eher nicht. Nach bisherigen Erkenntnissen gibt es die nur auf der Erde. ▲

C: Fremde Galaxien? Interessieren mich nicht. ●

3 **Du fährst mit deinen Eltern in den Urlaub – mit dem Auto. Die Fahrt dauert ewig. Wie findest du das?**

A: Das macht mir gar nichts. Ich schaue aus dem Fenster und träume vor mich hin. ■

B: Ist nicht sooo schlimm. Ich lese Bücher und unterhalte mich mit meinen Eltern. ▲

C: Der absolute Horror! Ich habe meine Eltern jetzt schon 122-mal gefragt, wann wir endlich da sind. ●

4 **Hattest oder hast du einen unsichtbaren Freund, mit dem du sprichst?**

A: Unsichtbare Freunde? Was für ein Quatsch! ●

B: Ja, klar! Heini steht direkt neben mir. ■

C: Nein, aber meine kleine Schwester. ▲

5 **Was könnte das sein?**

A: Eine Schildkröte von oben, aber echt schlecht gezeichnet. ▲

B: Da fallen mir mindestens zehn Dinge ein, zum Beispiel … ■

C: Weiß nicht. ●

6 **Draußen spielen findest du …**

A: … laaangweilig. ●

B: … super! Ich liebe es, herumzutoben und neue Dinge zu entdecken! ■

C: … okay, wenn meine Freundinnen und Freunde Lust dazu haben. ▲

7 **Stell dir vor, du wärst eine Ameise. Wie wäre das?**

A: Interessiert mich nicht. ●

B: Interessante Frage, aber es fällt mir schwer, mir das vorzustellen, weil so ein Menschenhirn doch ganz anders funktioniert als das einer Ameise. ▲

C: Spannend! Ich krabble auf meinen sechs Beinen herum, lade mir ein riesiges Blatt auf den Rücken (ächz!) und schaue mir die Welt von unten an … ■

AUFLÖSUNG

Hinter jeder deiner Antworten steht ein Symbol.
Zähle, welches Symbol du wie oft hast. Trage hier die Anzahl ein: ●_____ ▲_____ ■_____

AM HÄUFIGSTEN ●:

Eher weniger

Träumen ist nicht so dein Ding. Neues zu entdecken oder es dir vorzustellen findest du eher anstrengend. Dabei kann sich die Mühe lohnen! Vielleicht probierst du die **Tipps** in unserem Artikel über Fantasie auf den Seiten zuvor mal aus. Du wirst sehen: Träumen ist ganz leicht und macht eine Menge Spaß.

AM HÄUFIGSTEN ▲:

Aber logisch

Du kannst zwar träumen, lässt dich aber nur selten dazu hinreißen, weil du Dinge lieber logisch betrachtest. Gönne deinem Kopf ruhig ab und zu mal eine Pause und vertraue deiner Fantasie. Überlege mal: Viele **Erfindungen**, die vor 100 Jahren noch undenkbar schienen, gibt es heute, weil Leute davon geträumt haben.

AM HÄUFIGSTEN ■:

Zum Träumen

Du sprudelst vor Fantasie. Dir fällt es leicht, dich in andere Lebewesen hineinzuversetzen oder in Gedanken in fremde **Welten** zu reisen. Bücher wie „Harry Potter" verschlingst du regelrecht. Wenn du mal nichts zu tun hast, macht dir das auch nichts. Dann träumst du einfach vor dich hin.

Fotos und Illustrationen: Shutterstock

Die Supersinne der

Einige Tiere besitzen – aus unserer Sicht betrachtet – nahezu übersinnliche Fähigkeiten: Sie sehen Wärme oder spüren das Magnetfeld der Erde. Lest, wie ihnen das gelingt und durch welche Erfindungen wir mit ihren Supersinnen mithalten können

— Text: Lucas Riemer

GROSSER HAMMERHAI

Richtungsweisend

Wissenschaftlicher Name: *Sphyrna mokkaran*

Verbreitungsgebiet: fast überall auf der Erde, wo milde Wassertemperaturen herrschen

Lebensraum: Der Hammerhai jagt nachts oder während der Dämmerung in geringer Meerestiefe nahe den Küsten.

Supersinn: Dank eines eingebauten Kompasses verliert der Hammerhai nie die Orientierung! Sein breiter Kopf ist übersät mit Tausenden kleinster Öffnungen, in denen spezielle **Sinneszellen** stecken. Sie reagieren auf Änderungen elektrischer Felder. Forscher vermuten, dass der Hai mit ihnen das natürliche Magnetfeld der Erde spürt. So weiß der Raubfisch jederzeit, wo er sich gerade befindet. Dazu kommt: Die Super-Sinneszellen erkennen sogar schwache elektrische Felder, wie sie etwa die Muskeln anderer Fische verursachen. Außerdem bemerken sie wohl Veränderungen der Wassertemperatur von weniger als 0,001 Grad Celsius.

Durch das Magnetfeld der Erde richten **Magnetkompasse** ihre Nadel nach Norden aus und helfen uns bei der Orientierung.

Tiere

Fotos: Shutterstock

SANDSKORPION

Vibrationsalarm

Wissenschaftlicher Name: *Smeringurus mesaensis*

Verbreitungsgebiet: der Südwesten der USA

Lebensraum: Der blinde Sandskorpion versteckt sich im Wüsten- oder Steppenboden.

Supersinn: In seinen acht Beinen hat der Sandskorpion ganz viel Gefühl. An deren Spitzen befinden sich **Vibrationszellen**, die selbst minimale Erschütterungen spüren. Und das schon, sobald im Umkreis von einem halben Meter ein Insekt über den Boden krabbelt! Der Clou: Das Skorpionbein, das dem Beutetier am nächsten ist, bemerkt die Vibration Millisekundenbruchteile früher als die anderen Beine. So kann der Skorpion blitzschnell berechnen, wo sich das Insekt befindet – und die Beute mit seinen Scheren fangen.

Seismografen messen Erschütterungen im Boden. Mit ihrer Hilfe lässt sich etwa die Stärke von Erdbeben bestimmen.

CLOWN-FANGSCHRECKENKREBS

Kunterbunte Aussichten

Wissenschaftlicher Name: *Odontodactylus scyllarus*

Verbreitungsgebiet: tropische und subtropische Meere

Lebensraum: In dunklen Verstecken auf dem Meeresboden, etwa zwischen Felsen und Steinen, sucht der Fangschreckenkrebs Schutz.

Supersinn: Kein anderes Lebewesen sieht die Welt so bunt wie dieser Krebs! Wozu? Das ist bislang unbekannt. Wie ihm das gelingt, haben Forschende jedoch herausgefunden: Jedes der beiden Sehorgane besteht aus bis zu 10 000 winzigen **Einzelaugen.** Mit denen sieht der Krebs Farben zehnmal besser als ein Mensch. Auch ultraviolette Strahlung, die unsere Augen nicht wahrnehmen, kann er erkennen. Möglich machen das farbempfindliche Sinneszellen, von denen der Fangschreckenkrebs 14 verschiedene Typen besitzt. Im menschlichen Auge sind es nur drei.

Ultraviolette Strahlung wird auf den Bildern von **Spezialkameras** sichtbar. Ärzte und Ärztinnen benutzen diese etwa, um frühzeitig Hautveränderungen zu erkennen.

Fotos: Shutterstock (l., r. o.); imago (r. u.)

GROSSE HUFEISENNASE

Lausch-Angriff

Wissenschaftlicher Name: *Rhinolophus ferrumequinum*

Verbreitungsgebiet: Nordafrika, Süd- und Westeuropa, Asien

Lebensraum: Höhlen, Kirchtürme, Dachböden oder verlassene Häuser. In deren Nähe jagt die Hufeisennase nachts nach Käfern und Nachtfaltern.

Supersinn: Ihre Beute spürt die Fledermaus auf, indem sie ständig extrem hohe Schreie im Ultraschallbereich ausstößt, die Menschen nicht hören können. Hindernisse oder andere Tiere werfen diese Töne zurück wie ein Spiegel das Licht. So entsteht ein Echo, das die Hufeisennase mit ihren beweglichen **Ohrmuscheln** einfängt. Ihr Gehirn setzt die Schallsignale zu einem genauen Bild der Umgebung zusammen, auf dem die Hufeisennase selbst winzige Beutetiere erkennen kann.

Fischkutter spüren zum Beispiel Heringsschwärme im Wasser mit **Sonargeräten** auf, die nach demselben Prinzip wie die Echoortung der Fledermäuse funktionieren.

EUROPÄISCHER AAL

Supernase

Wissenschaftlicher Name: *Anguilla anguilla*

Verbreitungsgebiet: nahe den Bermuda-Inseln vor der Ostküste der USA – jedenfalls als Larve. Als solche schwimmt der Aal bis an die Küsten Europas und von dort meist weiter flussaufwärts.

Lebensraum: Im Wasser sucht der Aal nach Krebstieren, Würmern und Insektenlarven, insbesondere während der Dämmerung und nachts.

Supersinn: Gegen den Europäischen Aal kann kaum einer anriechen! Der glitschige Fisch hat eine der besten Nasen im ganzen Tierreich. Schüttete man nur einen Tropfen Parfüm in ein Gewässer von der dreifachen Größe des Bodensees, könnte der Aal den Geruch noch wahrnehmen. Dabei erkennt er sogar, aus welcher Richtung der Duft kommt. So kann er seine Beute erschnüffeln und anschließend verspeisen. Forschende vermuten, dass die **Supernase** dem Aal auch bei seiner Wanderung vom Atlantik in die Flüsse und Bäche Europas hilft. Wahrscheinlich riecht er das Flusswasser und schwimmt einfach – immer der Nase nach.

War in einer Mehrweg-Wasserflasche zum Beispiel früher Fruchtsaft abgefüllt, das den Geschmack beeinflussen könnte? Das erschnüffeln **Elektronische Nasen** etwa in Getränkefabriken, bevor das gereinigte Leergut neu mit Wasser befüllt wird.

TEXAS-KLAPPERSCHLANGE

Heißer Blick

Wissenschaftlicher Name: *Crotalus atrox*

Verbreitungsgebiet: der Südwesten der USA und Nordmexiko

Lebensraum: vorwiegend in trockenen Wäldern, Wüsten und in der Prärie

Supersinn: Sich vor einer Texas-Klapperschlange zu verstecken ist quasi unmöglich. Denn sie nimmt wahr, was kein Tier verbergen kann: Körperwärme. Oder genauer gesagt: die Infrarotstrahlung, die jedes Lebewesen abgibt. Um diese zu erkennen, haben alle Grubenottern, zu denen auch die Klapperschlangen gehören, links und rechts am Oberkiefer zwei kleine Vertiefungen, die wie Nasenlöcher aussehen. In dem sogenannten **Grubenorgan** spannt sich jeweils ein dünnes Häutchen, auf dem spezielle Eiweißmoleküle sitzen. Wie Sensoren bemerken diese schon Temperaturänderungen von 0,003 Grad Celsius. Über Nervenfasern gelangen die Informationen ins Gehirn, das daraus ein Wärmebild zusammenpuzzelt.

Wärmebildkameras machen für unsere Augen nicht wahrnehmbare Infrarotstrahlung sichtbar. Die Polizei nutzt sie etwa nachts auf der Suche nach Vermissten.

STERNMULL

Mit Gefühl

Wissenschaftlicher Name: *Condylura cristata*

Verbreitungsgebiet: östliches Nordamerika

Lebensraum: Wie alle Maulwürfe gräbt der Sternmull Gänge unter der Erde. Dort, aber auch oberirdisch sucht er nach Nahrung.

Supersinn: Weil der Sternmull sehr schlecht sieht, tastet er die Erde ständig mit 22 fingerartigen Hautzipfeln an seiner Nase ab. Auf diesen sitzen pro Quadratzentimeter rund 25 000 **Tastzellen**, mit denen der kleine Säuger in einer Sekunde mehr als zehn Würmer, Käfer oder Schnecken untersuchen kann. Blitzschnell erkennt er so, ob die Tierchen auch als Mahlzeit taugen. Seine Beute verschlingt der Sternmull dann in gerade einmal 120 Millisekunden – einem menschlichen Wimpernschlag.

Forschende tüfteln an künstlichen **Drucksensoren**. Doch bis diese zum Beispiel in Bein- oder Handprothesen zum Einsatz kommen, wird es noch eine Weile dauern.

SCHNABELTIER

Unter Strom

Wissenschaftlicher Name: *Ornithorhynchus anatinus*

Verbreitungsgebiet: Ost- und Südostaustralien

Lebensraum: Tagsüber ziehen sich Schnabeltiere in ihre Erdbaue zurück. Nachts suchen sie in Flüssen und Seen nach Krabben oder Insektenlarven – mit geschlossenen Augen.

Supersinn: Seine Beute spürt das Schnabeltier mit seinem Hornschnabel auf. Auf dessen Oberfläche sitzen rund 40 000 **Elektrosensoren**, die winzige elektrische Spannungsfelder in der Umgebung wahrnehmen. Krabbelt in der Nähe ein kleiner Krebs im Wasser, schlagen die Sensoren Alarm. Denn elektrische Spannungsfelder entstehen unter anderem durch die Bewegung von Muskeln. Gleichzeitig bemerken empfindliche Tastkörperchen in der Schnabelhaut winzige Wellen im Wasser, die die Beute beim Zappeln ebenfalls verursacht. Beide Supersinne zusammen verraten dem Schnabeltier, wo sich sein Opfer befindet und wann es zuschnappen muss.

Feldstärke-Messgeräte erfassen elektrische Spannungsfelder, die etwa von Mobilfunkmasten, Telefonen oder Stromleitungen ausgehen. Sensoren würden das Aufspüren dieser Felder vereinfachen.

Fotos: imago (l. o.); Okapia/picture alliance (l. u.); Alamy (r.)

Zahlen, bitte!

Etwa **0,0000000001** bis 0,0000000005 Meter ist ein **Atom** groß – je nachdem, um welches chemische Element es sich handelt.

10 203

Meter misst der Mauna Kea, ein **Vulkan** auf Hawaii, vom Meeresboden aus. Das ist höher als der Mount Everest. Allerdings ist das meiste von ihm unsichtbar. Nur 4205 Meter ragen aus dem Pazifischen Ozean heraus.

150

Farbtöne können wir mit den Sinneszellen in der Netzhaut unseres Auges gleichzeitig wahrnehmen.

3.

Auge: So nennt man ein **Scheitelauge** bei manchen Wirbeltieren. Es sitzt bei vielen Echsen, Fröschen und Lurchen oben auf dem Kopf und nimmt nur den Unterschied zwischen hell und dunkel wahr.

1

als Gorilla verkleideter Mensch läuft quer über das Basketballfeld, und die Hälfte des Publikums bemerkt ihn nicht. Wie das sein kann? Den Zuschauenden fehlt die Aufmerksamkeit. Sie hatten sich in einem psychologischen **Experiment** auf die Ballkontakte der einen Mannschaft konzentriert und alles andere weitgehend ausgeblendet.

5

Jahre hatte ein Schlosser angeblich an den Fesseln getüftelt, die dem US-amerikanischen **Magier** und Entfesselungskünstler Harry Houdini bei einer Show im Jahr 1904 angelegt wurden. Doch er entkam – wie auch bei zahlreichen weiteren Entfesselungstricks unter Wasser oder an Hochhäusern baumelnd. In den USA sagt man zu „verschwinden" deshalb auch „to houdinize".

Illustrationen: Shutterstock

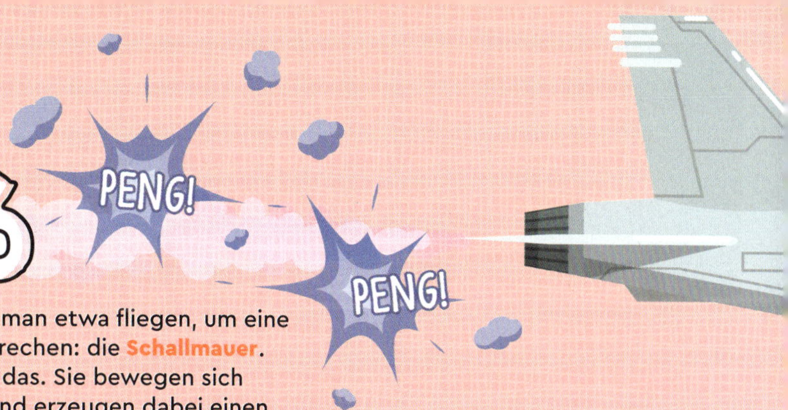

1236

Kilometer pro Sekunde muss man etwa fliegen, um eine unsichtbare Mauer zu durchbrechen: die **Schallmauer**. Manchen Flugzeugen gelingt das. Sie bewegen sich also schneller als der Schall und erzeugen dabei einen ohrenbetäubenden Doppelknall.

0

Licht entkommt aus einem schwarzen Loch. Schwarze Löcher bündeln extrem viel **Masse** auf sehr wenig Raum und besitzen deshalb eine derart hohe Anziehungskraft, dass nichts und niemand sie je wieder verlassen kann – eben auch keine Lichtteilchen.

GUTE NACHRICHT

28

Milliardstel Grad über dem absoluten Nullpunkt: Diesen **Kälterekord** stellten Physiker der Leibniz Universität Hannover auf. Dafür brachten sie Rubidium-Atome nahezu zum Stillstand, die im gasförmigen Zustand sonst eigentlich wild umherflitzen. Das Spannende daran: In diesem Zustand werden voraussichtlich Dinge messbar, die sonst unsichtbar bleiben – etwa Gravitationswellen oder gar Teilchen der dunklen Materie, dem wohl geheimnisvollsten Stoff des Weltraums.

4,7

Kilometer weit kann ein 1,7 Meter großer Mensch mit bloßem Auge sehen, wenn er vom Strand aus den Meereshorizont betrachtet.

1,6

Billionen **Lebewesen** sind in den obersten 30 Zentimetern eines ein mal ein Meter großen Stücks Erdboden zu Hause. Das sind sehr viel mehr Würmer, Pilze und Bakterien, als Menschen auf dem Planeten leben.

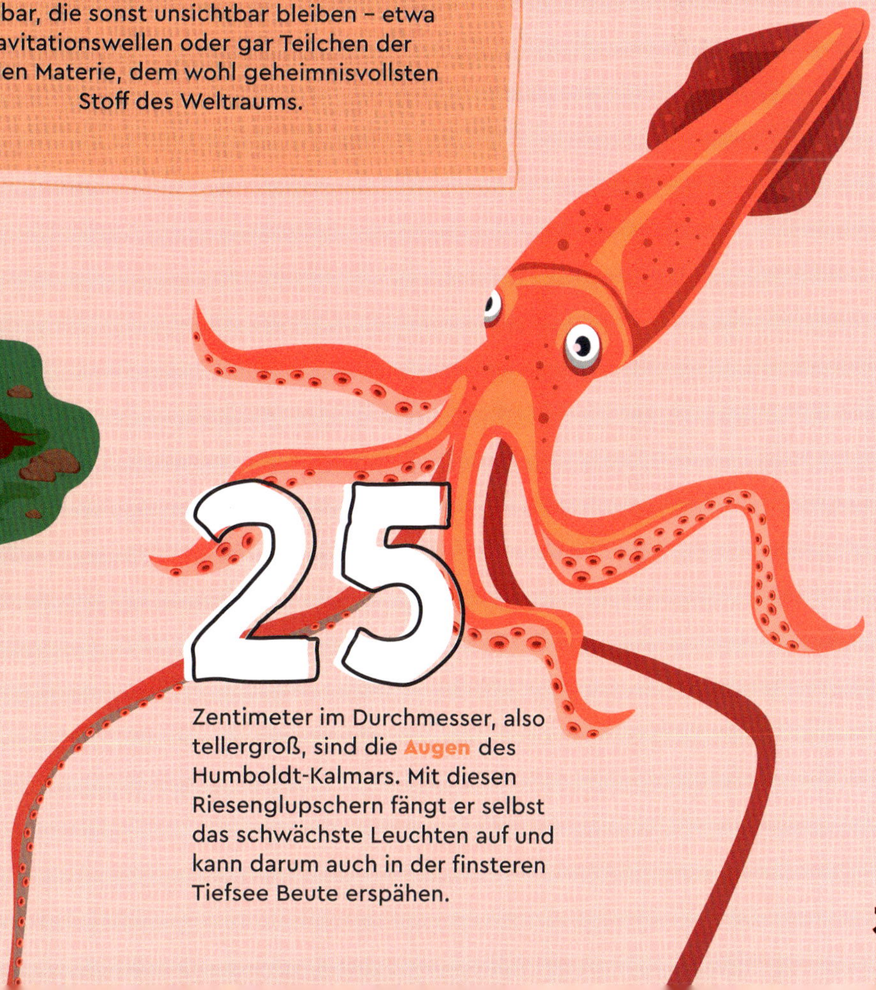

25

Zentimeter im Durchmesser, also tellergroß, sind die **Augen** des Humboldt-Kalmars. Mit diesen Riesenglupschern fängt er selbst das schwächste Leuchten auf und kann darum auch in der finsteren Tiefsee Beute erspähen.

Gute Atmosphäre

Die Geheimnisse der Luft

Ganz selbstverständlich atmen wir sie in jeder Minute unseres Lebens: **Luft**. Sie erhält uns am Leben, und mehr noch, die Erdatmosphäre macht unseren Planeten erst bewohnbar und schützt uns. Wie? Das wollen Forschende mit Experimenten herausfinden – etwa mit kilometerlangen Laserstrahlen

— Text: Dela Kienle

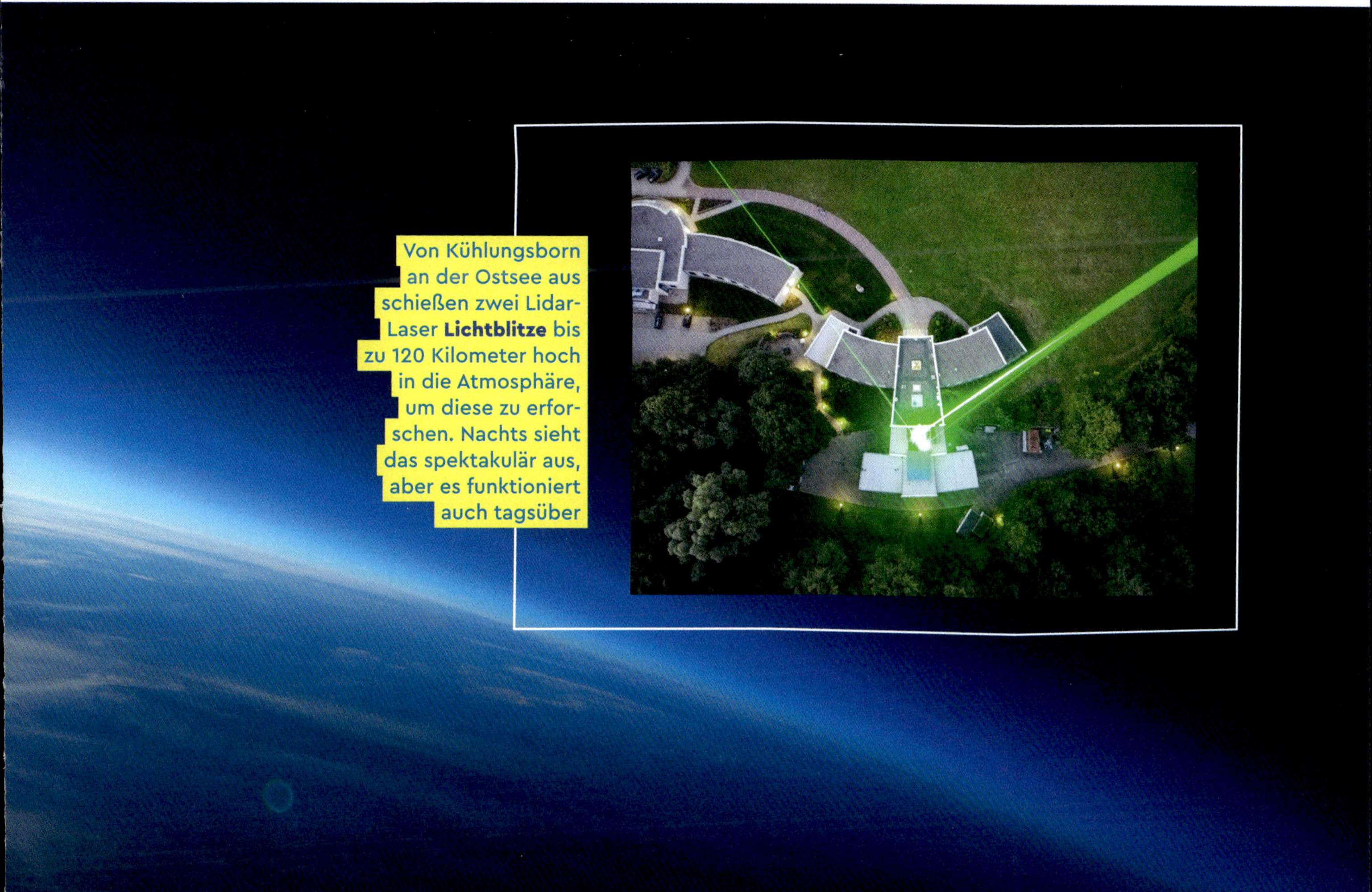

Von Kühlungsborn an der Ostsee aus schießen zwei Lidar-Laser **Lichtblitze** bis zu 120 Kilometer hoch in die Atmosphäre, um diese zu erforschen. Nachts sieht das spektakulär aus, aber es funktioniert auch tagsüber

Langsam schiebt sich das Dach zur Seite. Noch ein Knopfdruck – und tief im Inneren beginnt der erste von zwei Lasern an und aus zu gehen, mit 30 Blitzen pro Sekunde. Spiegel leiten sein Licht durch einen Schacht nach oben, sodass ein grellgrüner Lichtstrahl Richtung Himmel schießt. Ein zweiter Laser wird zugeschaltet. Was ist das bloß? Eine Geisterdisko oder die Scheinwerfer eines auf der Erde gelandeten Ufos? Die Strahlen sind kilometerweit zu sehen, und doch macht sich rund um das Örtchen Kühlungsborn niemand Sorgen. Schließlich steht hier das Leibniz-Institut für Atmosphärenphysik (IAP). Mit sogenannten Lidar-Lasern und anderem Hightech erforschen dessen Mitarbeiterinnen und Mitarbeiter die unsichtbare Welt über unseren Köpfen: die Erdatmosphäre.

Wenn wir selbst nach oben schauen, sehen wir vielleicht ein paar Wolken – und starren ansonsten ins Nichts, in eine unendliche Leere. Zumindest kommt es uns so vor. Doch die Wirklichkeit ist viel spannender! Unser Globus wird nämlich von einer Gashülle namens Atmosphäre umgeben wie von einer kuscheligen Decke. Ohne sie könnten wir nicht leben: Das meiste Wasser auf dem Globus würde verdampfen, es würde ständig Meteoriten hageln, und die Sonne würde uns bei lebendigem Leib grillen. Doch vor allem würden wir sofort ersticken. Schließlich brauchen wir Sauerstoff zum Atmen – und den beinhaltet die unterste Atmosphärenschicht, die Troposphäre, reichlich! Allerdings macht er nur gut ein Fünftel unserer Luft aus. In dem Gasgemisch, das uns umgibt, sausen auch unendlich viele andere unsichtbare Teilchen umher, neben dem Sauerstoff vor allem Stickstoff und einige seltenere Gase. Die Menge der Gasteilchen ist kaum vorstellbar: In eine Ein-Liter-Limoflasche passen knapp 27 000 000 000 000 000 000 000 von ihnen! Würdet ihr so eine Flasche allerdings offen auf den 8848 Meter hohen Mount Everest tragen, enthielte sie bereits deutlich weniger Teilchen. Je weiter man in die Atmosphäre hinaufsteigt, desto „dünner" wird die Luft.

Die quietschgrünen Laserstrahlen, die aus dem IAP-Dach schießen, zielen nicht auf den Gipfel des Mount Everest, sondern noch fünf- bis 13-mal höher. Ihr Licht reicht bis in die Mesosphäre hinauf und spielt dort oben Himmels-Pingpong: Zwar schwirren in dieser Atmosphärenschicht nur noch wenige Teilchen herum, doch wann ▸

Fotos: Shutterstock; Dr. Gerd Baumgarten, Leibniz-Institut für Atmosphärenphysik an der Universität Rostock (r. o.)

Schicht für Schicht

Wir nehmen euch mit auf eine Reise durch die Atmosphäre und zeigen euch, wie sie aufgebaut ist. Seid ihr startklar? Dann fangt am besten ganz unten an, bei der Troposphäre

Exosphäre

bis 10 000 Kilometer

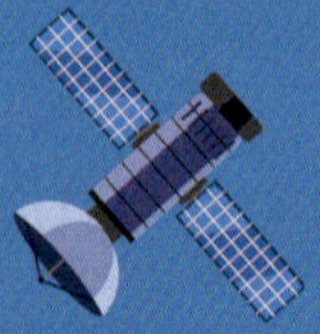

Der Übergang

Besonderheit: Wo fängt diese Schicht an, wo hört sie auf? Darüber streiten Expertinnen und Experten. Erdatmosphäre und Weltraum gehen in der Exosphäre endgültig ineinander über.
Temperaturen: Es wird über 1000 Grad Celsius heiß, aber genau wie in der Thermosphäre spürt man die Hitze nicht.

Thermosphäre

bis ca. 700 Kilometer

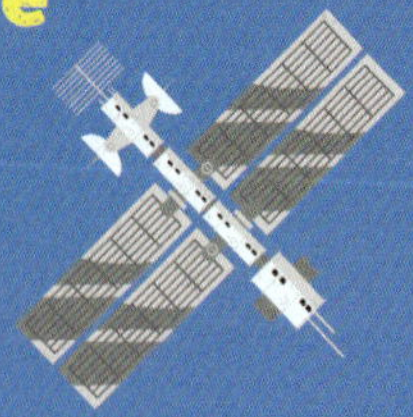

Die Heiß-Kalte

Besonderheiten: Ab einer Höhe von ungefähr 100 Kilometern sprechen viele Fachleute vom „Weltraum". Gleichzeitig ist die Thermosphäre noch Teil der Erdatmosphäre. Hier kreist auf etwa 400 Kilometer Höhe die Internationale Raumstation (ISS).
Temperaturen: Es wird bis zu 1700 Grad Celsius heiß – und doch würdet ihr vor Kälte bibbern. Schließlich gibt es kaum noch Gasteilchen, die die Hitze zu euch hin transportieren könnten. Ihr würdet sie darum schlicht nicht fühlen.

Mesosphäre

bis ca. 80 Kilometer

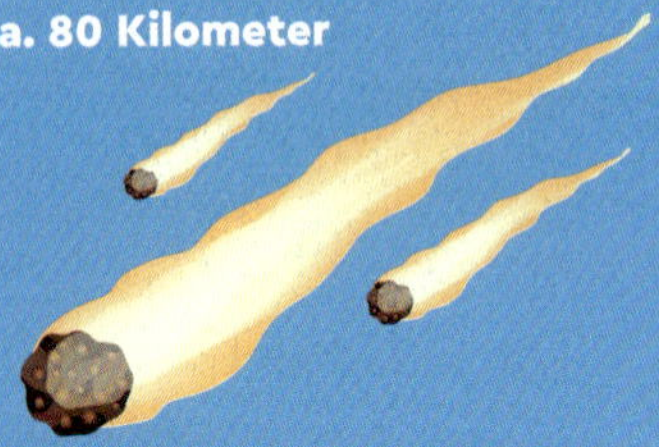

Die Sternschnuppen-Bremse

Besonderheiten: Täglich fallen rund zehn Milliarden Meteoride aus dem Weltall Richtung Erde. Die meisten sind klein wie ein Sandkorn und kommen nur bis zur Mesosphäre. Durch die Luftreibung verdampfen sie dort und verschwinden mit einem hellen Leuchtstrahl. Auf der Erde nennen wir sie Sternschnuppen.
Temperaturen: Verrückt! Normalerweise sind die Sommer wärmer als die Winter. In der Mesosphäre ist es umgekehrt: Hier gibt es warme Winter und „sommerliche" Bibbertemperaturen von bis zu minus 90 Grad Celsius!

Stratosphäre

bis ca. 50 Kilometer

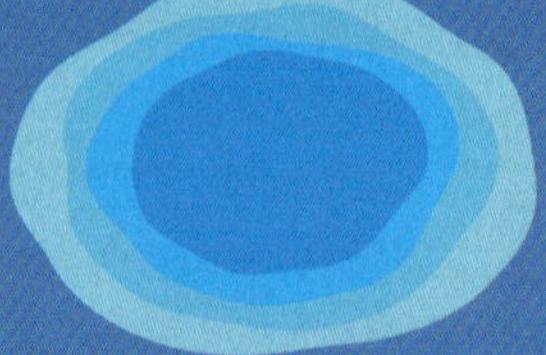

Der Super-Schutzschirm

Besonderheiten: Hier liegt die Ozonschicht, eine Art gasförmige Filteranlage. Sie verhindert, dass allzu viele UV-Strahlen der Sonne die Erde erreichen. Die schädigen nämlich unsere Zellen und können Hautkrebs verursachen. Allerdings haben wir Menschen die Ozonschicht ausgedünnt, vor allem durch Gase, die früher in Kühlschränken und Spraydosen benutzt wurden. Insbesondere über den Polen gibt es riesige Löcher, die sich nur langsam schließen.
Temperaturen: Je höher man in der Stratosphäre kommt, desto wärmer wird es! Die Temperaturen steigen von minus 60 auf 0 Grad Celsius.

Troposphäre

bis ca. 12 Kilometer

Die Wetterküche

Besonderheiten: Hier bilden sich die meisten Wolken und entwickelt sich unser Wetter. Außerdem schwirren feine Wassertröpfchen, Staub und besonders viele Gasteilchen herum, weil die Schwerkraft sie anzieht und dicht bei der Erdoberfläche hält. Ihr könnt die Teilchen sogar spüren – beispielsweise, wenn Wind weht.
Temperaturen: Je höher man in der Troposphäre kommt, desto kälter wird es. Pro Kilometer sinkt die Temperatur um 6,5 Grad Celsius.

immer das Laserlicht sie trifft, wird es zurückgeworfen und am Boden von Teleskopen aufgefangen. Computer werten die Daten aus. So lassen sich unter anderem Temperaturen, Winde und Wellenbewegungen in der Atmosphäre berechnen und bestimmen.

Die Messergebnisse aus luftiger Höhe sind unten auf der Erde wichtig. Schließlich ist uns Menschen inzwischen klar, dass wir unabsichtlich die Zusammensetzung der Luft verändern – und dadurch den Klimawandel auf unserem Planeten vorantreiben. Die Atmosphäre wirkt wie ein riesiges Treibhaus aus Glas: Sie lässt Sonnenstrahlen hindurch, sodass sich der Boden der Erde und damit auch die Luft in Bodennähe erwärmen kann. Gleichzeitig sorgt sie dafür, dass nicht alle Wärme direkt wieder ins Weltall entweicht. Zum Glück, denn sonst wäre unser Planet eine Eiswüste! Doch inzwischen heizt sich die Erde immer stärker auf – als würden die Glasscheiben des Gewächshauses immer dicker und undurchlässiger. Schuld daran sind verschiedene Treibhausgase, die wir ausstoßen, etwa Kohlendioxid (CO_2). Sie entstehen beispielsweise im Verkehr, durch Kohlekraftwerke, Viehhaltung, Flugzeuge, Fabriken, Heizungen oder das Verbrennen von Wäldern. Diese Gase sammeln sich oben in der Atmosphäre und verstärken den Treibhauseffekt, sodass unten auf der Erde das Klima zunehmend verrücktspielt.

Wissenschaftlerinnen und Wissenschaftler tun deshalb alles, um die Atmosphäre besser zu verstehen. Am IAP beispielsweise nutzen sie nicht nur die grünen Lidar-Laser, sondern schicken auch Radarwellen Richtung Himmel. Sie lassen Wetterballons steigen und starten Höhenforschungsraketen, die mit 3600 Kilometer pro Stunde nach oben zischen. Vieles, was sich in den einzelnen Schichten der Atmosphäre abspielt, ist bis heute rätselhaft. Umso wichtiger ist es, sie zu erforschen – und dadurch wirkungsvoller schützen! ■

Fliegender Klimaforscher: **Satelliten** wie dieser messen die Temperaturen in der Atmosphäre oder die Konzentration bestimmter Gase. Manche befinden sich »nur« auf 500 Kilometer Höhe, andere umkreisen die Erde in 36 000 Kilometer Entfernung

Fotos und Illustrationen: Shutterstock

Unsichtbare Mitbe

Wir spüren sie nicht, und sie sind nur mit Spezial-Mikroskopen gut zu erkennen. Doch Bakterien tummeln sich überall auf und in unserem Körper. Wer sind diese Mini-Mitbewohner? Und warum sähen wir ziemlich alt aus, wenn sie einfach ausziehen würden?

— Text: Heiko Kammerhoff

Oberflächlich

1

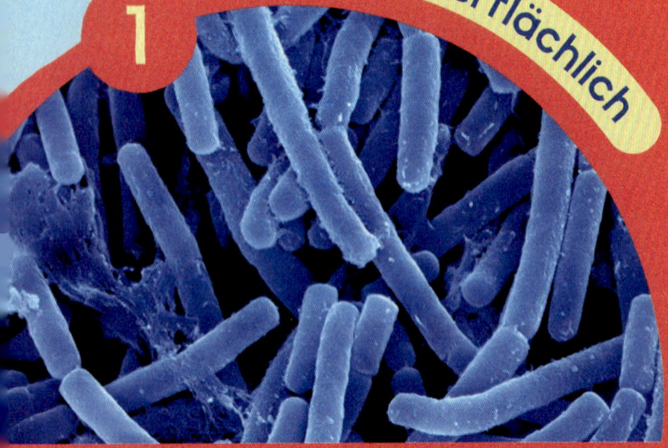

Name: *Propionibacterium acnes*
Lebensraum: Tummelt sich besonders häufig auf der Kopfhaut.
Aussehen: stäbchenförmig und mit knapp einem Mikrometer Größe sehr klein
Aufgaben: Dient dem natürlichen Schutz der Haut und zersetzt dort Fette. In verstopften Talgdrüsen ist es aber für das Entstehen von Pickeln und Akne verantwortlich.

Entzündlich

2

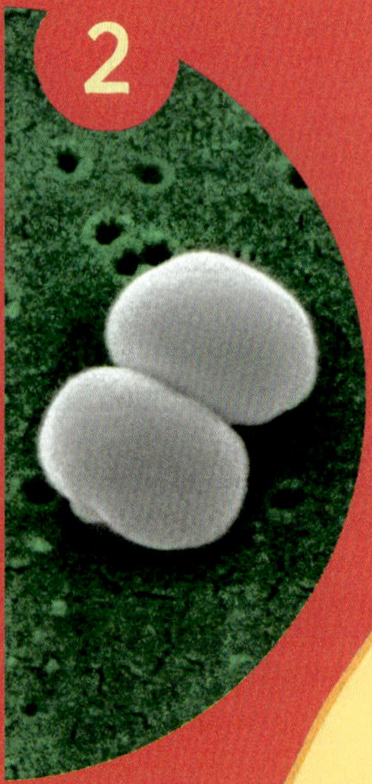

Name: *Staphylococcus epidermidis*
Lebensraum: auf der Haut und auf Schleimhäuten, besonders in der Nase
Aussehen: Sie sind kugelförmig, wie alle Bakterien aus der Gruppe der Kokken.
Aufgaben: Lebt auf unserer Körperoberfläche. Bei Menschen mit einem geschwächten Immunsystem kann es Entzündungen verursachen.

Mündlich

3

Name: *Streptococcus salviarius*
Lebensraum: im Mund
Aussehen: kugelförmig und meist aufgereiht wie die Perlen einer Kette
Aufgaben: Schon zwei Tage nach der Geburt sind die Bakterien im Mund eines Babys zu finden. Sie gehören zur natürlichen Mundflora.

Fotos: SPL (l. o. l., l. u.); imago (l. o. r.); Illustration: mauritius images

wohner

Wir können uns den menschlichen Körper als eine riesige, chaotische Wohngemeinschaft, eine WG, vorstellen. In einer Ecke hängen seltsame, an Korkenzieher erinnernde Bewohner zusammen ab, in der nächsten schlängeln sich stäbchenförmige Wesen wie wild durcheinander. Und dort versammeln sich makellose Kugeln zu einem Haufen. Sie alle sind Bakterien. Und sie haben sich überall auf und in uns breitgemacht, auf der Haut oder den Zähnen, zwischen den Fingern und Zehen oder in der Nase. Ihr Lieblingsplatz aber ist der Darm, wo sich die Mehrzahl von ihnen tummelt. Insgesamt besiedeln uns 40 Billionen dieser WG-Bewohner. Das sind rund 5000-mal mehr, als Menschen auf der ganzen Erde leben.

Platz gibt es für sie mehr als genug: Die meisten Bakterien sind gerade einmal ein bis sieben Mikrometer lang, selbst ein menschliches Haar ist gut zehnmal dicker. In voller Pracht sehen wir die WG-Mitglieder nur mit einem stark vergrößernden Rasterelektronenmikroskop. Am Computer eingefärbt, leuchten die Bakterien in Grün oder lilafarben und wirken wie außerirdische Wesen.

Im Schlaraffenland

Bakterien sind viel einfacher als unsere Körperzellen gebaut. Sie bestehen in der Regel nur aus einer einzigen Zelle. Eine Hülle umgibt die Erbsubstanz im Inneren. Die meisten Bakterien besitzen zusätzlich eine Zellwand. Das war's. Eine von ihnen, die Urzelle, war vor rund 3,6 Millionen Jahren vermutlich das erste Lebewesen. Über viele Zeitalter hinweg entwickelten sich aus ihr und weiteren Bakterien erst die Einzeller mit Zellkern, daraus die Mehrzeller, ▶

Vielzeller und Unzähligzeller. Bakterien sind also so etwas wie die Ur-ur-ur-und-so-weiter-Großeltern von Mücken und Fischen, Adlern und Menschen. Ihren „Verwandten“ sind sie seitdem treu geblieben. In den Körpern von Tieren, besonders von Säugern, ist es stets warm und feucht – ein Paradies für Bakterien aller Art.

Wie alle Lebewesen haben Bakterien einen Stoffwechsel. Sie futtern den ganzen Tag und scheiden die Abfallprodukte wieder aus. Sie verwerten fast alles, was ihnen von uns serviert wird: Hautschuppen und Talg zum Beispiel. Oder sie zersetzen in unserem Darm die Nahrung. Und das zu unserem großen Nutzen: Auf der Haut sorgen sie dafür, dass sich dort keine krank machenden Mikroorgansimen ausbreiten. Und im Darm machen sie wichtige Inhaltsstoffe aus der Nahrung für unseren Körper erst verfügbar. Ja, sie bilden sogar einige Vitamine, die wir mit der Nahrung nicht aufnehmen können.

Vom Freund zum Feind

Forscherinnen und Forscher nennen die Gesamtheit der auf und in einem Menschen lebenden Mikroorganismen „Mikrobiom“. Zu ihm gehören neben den Bakterien auch die Viren und Pilze. Einige von ihnen nutzen unsere Gastfreundschaft bisweilen aus und werden sogar zur Gefahr für uns. Manchmal sind es sogar diejenigen, die ständig bei uns zu Hause sind. Tauchen sie zur falschen Zeit in der falschen Körperregion auf und vermehren sich dort, können Krankheiten entstehen. Deshalb gilt nach dem Toilettengang oder vor dem Essen weiterhin: Händewaschen nicht vergessen!

4 Gefährlich

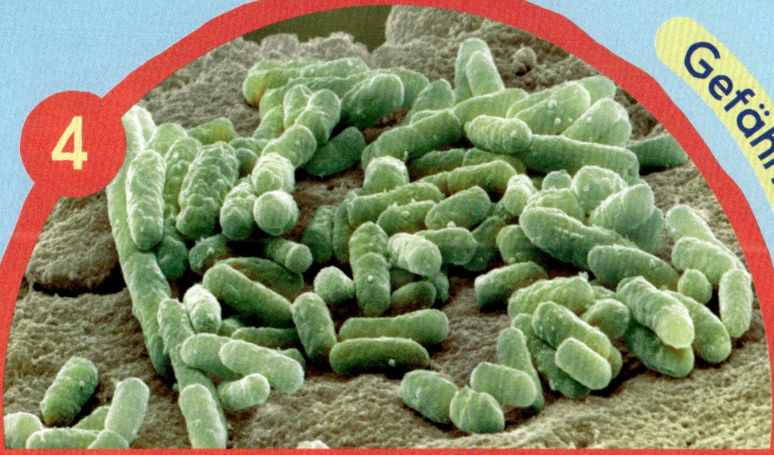

Name: *Escherichia coli*
Lebensraum: im Dünndarm
Aussehen: Die stäbchenförmigen Bakterien kommen paarweise oder auch einzeln vor.
Aufgaben: Produziert im Darm Vitamin K2, das für das Zellwachstum wichtig ist. Manche „E.coli"-Stämme können gefährliche Infektionen auslösen. Wird das Bakterium vermehrt in Seen oder Flüssen nachgewiesen, ist der Badespaß schnell vorbei!

5 Rundlich

Name: *Enterococcus faecalis*
Lebensraum: Im Dünndarm. Wenn sie sich woanders ansiedeln, wird es unangenehm …
Aussehen: typische Kokken – kleine, runde Bakterien
Aufgaben: Sie gehören zu einer gesunden Darmflora. Außerhalb des Darms können sie im Rachen, in den Harnwegen oder im Herz Entzündungen auslösen oder eine Blutvergiftung verursachen.

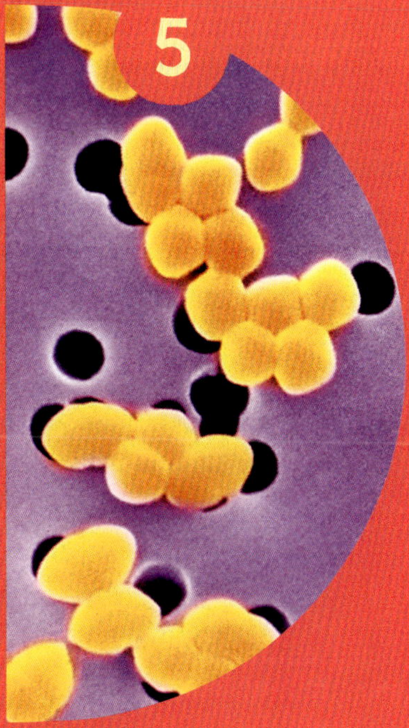

6 Friedlich

Name: *Bifidobacterium*
Lebensraum: vor allem im Dünndarm
Aussehen: Die Stäbchen sind häufig an einem Ende etwas dicker und sehen wie eine Keule aus.
Aufgaben: Bifidobakterien scheinen im Darm das Wachstum von schädlichen Bakterien zu hemmen.

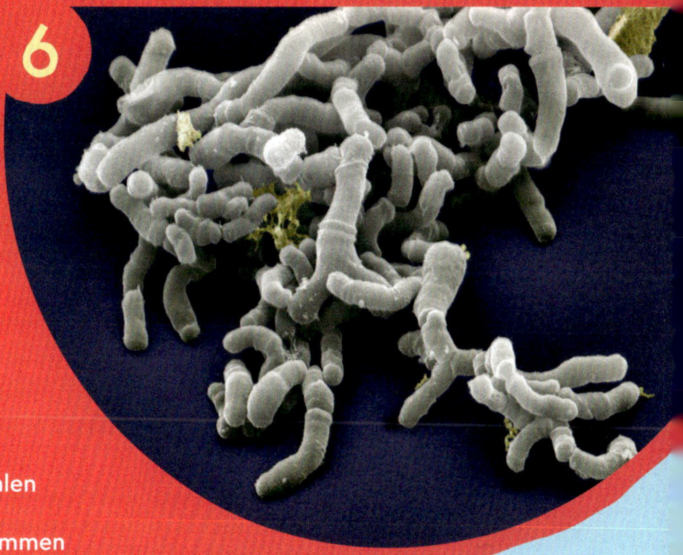

7 Unersättlich

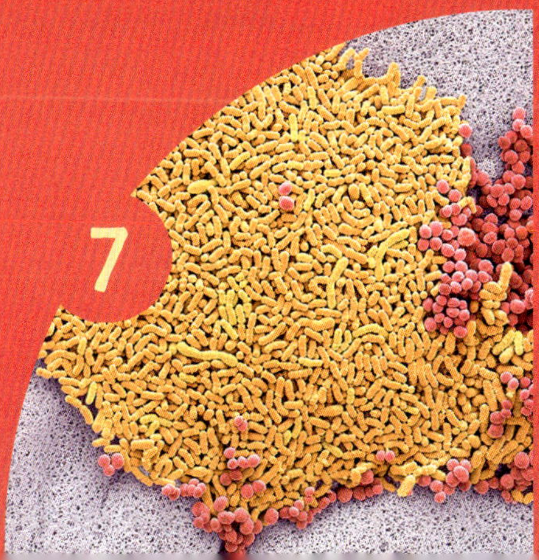

Name: *Brevibacterium epidermis*
Lebensraum: auf der Haut, besonders in den Achselhöhlen und an den Füßen
Aussehen: Die Stäbchen krümmen sich häufig wie winzige Würmchen.
Aufgaben: Brevibakterien sind salzliebend und fressen sich an den im Schweiß gelösten Fetten satt. Dadurch fängt es an zu müffeln: Käsefußalarm!

Fotos: imago (r. o., r. m. l.); SPL (r. u. r., r. u. l.); Illustration: mauritius images

»WIR HABEN KEINE MAGISCHEN KRÄFTE«

In ihren Shows lassen sie Sportwagen über der Bühne schweben und Menschen verschwinden: Die **Ehrlich Brothers** Andreas und Chris sind Meister der Täuschung. Was hinter ihren Tricks steckt, bleibt dem Publikum verborgen. Wir durften einen Blick in ihre Zauberwerkstatt werfen …

— Interview: Simone Müller

Von der Schrottkarre zum schwebenden **Sportflitzer**: In ihren Illusionen lassen Chris (im Foto) und Andreas Dinge wahr werden, von denen sie als Kinder geträumt haben

GEOlino EXTRA: Ihr seid weltberühmte Magier und füllt ganze Stadien. Wie seid ihr zum Zaubern gekommen?

Andreas: Das erzählen wir gleich. Nur eines vorab: Eigentlich sind wir gar keine Zauberer …

Wirklich nicht? Ihr fahrt mit einem Motorrad aus einem Tablet-PC heraus …

Andreas: Stimmt, aber wir haben keine magischen Kräfte. Wir wollen auch gar nicht, dass unser Publikum das glaubt. Das wäre Humbug! Wir sind Illusionisten und ziemlich clevere Handwerker. Deshalb erzählen wir auch ganz offen, dass das alles Tricks sind, die wir bauen.

Chris: Und darum haben wir uns auch „Ehrlich" Brothers genannt, wegen unserer ehrlichen Herangehensweise.

Verstehe. Wie seid ihr also zur Illusionskunst gekommen?

Andreas: Als ich acht, neun Jahre alt war, habe ich mir zu Weihnachten einen Zauberkasten gewünscht. Das und nichts anderes. Weil ich Sorge hatte, dass ich ihn nicht bekomme, habe ich ein paar Tage vor Heiligabend mal nachgeschaut und ihn im Kleiderschrank meiner Eltern gefunden. Ich habe anschließend jeden Tag heimlich zwei, drei Stunden geübt. Beim Auspacken habe ich dann ganz überrascht getan. Und alle haben gestaunt, dass ich die Tricks schon beherrschte. Meine Eltern müssen gedacht haben, ich sei ein Wunderkind … Das Zaubern hatte mich gepackt und wurde zu meiner absoluten Leidenschaft. Ich habe so viel Applaus und Bestätigung bekommen, dass ich immer weitermachen musste.

Und wie war das bei dir, Chris?

Chris: Bei mir fing das später an. Ich war erst einmal nur die Assistentin von Andreas.

Andreas: Das ist heute noch so.

Chris *(verdreht die Augen und lacht)*: Angefangen selbst zu zaubern habe ich dann erst mit 15. Da war ich zum Schüleraustausch in Frankreich und etwas einsam. Deshalb habe ich Andreas gebeten, mir ein paar Tricks zu schicken, damit ich sie üben kann. Das habe ich auch gemacht und damit bald bei den Mädels Eindruck geschunden. Jedenfalls konnte ich, als ich nach ein paar Monaten wieder zurückgekommen bin, besser zaubern als Französisch …

Und wie seid ihr schließlich Profi-Illusionisten geworden?

Andreas: Das kam schleichend. Ich wollte immer Lehrer werden und nebenher zaubern, weil ich dachte, dass man von Illusionen allein nicht leben kann.

Chris: Als ich so 19 oder 20 Jahre alt war, habe ich dann zu Andreas gesagt: Komm, wir versuchen das jetzt mal ein Jahr lang. Wenn wir ▶

Fotos: Philipp Spalek/laif (l.); Ralph Larmann/Ehrlich Brothers (r.)

Für einen glänzenden Auftritt sorgen rund 30 fest angestellte **Mitarbeiter**, darunter Mechatroniker, Ingenieure und andere Tüftler

Die Zauberwerkstatt im nordrhein-westfälischen Bünde besteht aus drei **Hallen**: einer Schrauber-, einer Elektro- (Foto) und einer Test-Halle

Zwischen den Shows einer Tour liegen nur wenige Tage. Geht dabei etwas kaputt, muss das **Team** es rasch reparieren. Danach wird alles in Lkws verladen. Mehr als 20 Trucks füllt die Technik inzwischen

Zündender Funke: Von der ersten Idee bis zur fertigen Illusion vergehen meist sechs bis acht Monate. Andreas und Chris sind dann täglich in der Werkstatt und bauen vieles selbst

sehen, dass das was werden kann: super! Wenn nicht, haben wir es wenigstens probiert.

Andreas: Wir sind anfangs nur auf Feiern von Firmen aufgetreten. Und dann kam irgendwann eine Anfrage des weltberühmten Magiers David Copperfield. Er wollte uns zwei unserer Illusionen abkaufen. Als unser Papa das mitbekommen hat, hat er gesagt: „Nee, wenn die Nummern so gut sind, dass David Copperfield sie in großen Shows aufführen will, müsst ihr selbst damit auf Tour gehen!" Das haben wir dann gemacht.

Ihr denkt euch also alle Tricks selbst aus?

Andreas: Ja klar! Schon als Kind waren mir die gekauften Tricks nicht gut genug, und ich hatte viele Ideen, wie man sie noch verbessern könnte. Ich bin dann damit zu unserem Vater und habe ihn gebeten, dies und jenes umzubauen. Er war Werkzeugmacher, hatte Maschinenbau studiert und war handwerklich sehr geschickt.

Chris: Wir durften aber nicht einfach Bestellungen bei ihm aufgeben und sagen „Bau mal!", auch wenn wir das gern gemacht hätten. Wir mussten immer dabei sein und mithelfen. So haben wir von ihm alles gelernt, was wir heute handwerklich können.

Andreas: Schon mit zehn oder elf Jahren habe ich mit unserem Papa eigene Tricks gebaut, für die Jugendmeisterschaft im Zaubern 1991 zum Beispiel. Einer davon war ein Hase mit einer Möhre ...

Chris: ... oh ja, genau! Einer riesigen Möhre, die war bestimmt einen Meter lang. Und der Hase hat die einfach weggefressen, aber nicht so gut vertragen ...

Andreas: ... deshalb hat er am Ende des Tricks gepupst. Die Pupsmaschine dafür haben wir gemeinsam gebaut.

Wie kommt ihr heute auf die Ideen für eure Illusionen?

Chris: Alle unsere Erfahrungen und Erinnerungen fließen dort mit ein. Viele unserer Nummern sind wahr gewordene Kindheitsträume. Wie toll wir früher das Hoverboard, das schwebende Skateboard, aus dem Kinofilm „Zurück in die Zukunft" fanden! Inzwischen haben wir es auf die Bühne gebracht.

Andreas: Mit jeder Illusion geben wir immer ein Stück von uns selbst preis. Ich wurde als Kind oft gehänselt, war nie superbeliebt. Mein Zauberkasten hat mir dabei geholfen, all dem zu entkommen, selbstbewusster zu werden. Das erzähle ich in unserer neuesten Show auch auf der Bühne.

Ist bei euren Illusionen schon mal was schiefgegangen?

Chris: Ja. Es ist halt kein Bürojob. Ich habe mich schon zweimal bei ▶

Fotos: Michael Koch/GEOlino (l., 3); Philipp Spalek/laif (r.)

Showtime: Nachdem sie eine **Illusion** entwickelt haben, testen Andreas und Chris in Halle drei, ob auch alles funktioniert …

… unter Bedingungen wie auf der Bühne – also mit Lichteffekten und Musik. Selbst der Auf- und Abbau werden geprobt. Jeder **Handgriff** muss sitzen, damit das Publikum später davon nichts mitbekommt

100 Mitarbeiterinnen und Mitarbeiter sorgen während einer **Tour** dafür, dass nichts zu kurz kommt – außer Chris bei dieser Illusion in der Messehalle Erfurt

In der Schwebe: Anfangs dachten die Brüder, dass man von der Zauberei nicht leben kann. Inzwischen füllen sie **Stadien** und stellten 2019 sogar einen Rekord auf: den für die meisten Zuschauerinnen und Zuschauer bei einer Zaubershow

der Nummer verletzt, bei der ich mit dem Motorrad aus dem iPad rausfahre. Ich bin damit umgekippt, und die 300 Kilogramm schwere Maschine ist auf mich draufgefallen. Ein anderes Mal bin ich bei einer Illusion aus drei Meter Höhe runtergefallen – Rippenbruch.

Ich dachte, ihr seid immer irgendwo gesichert, mit Gurt und Seil ...

Andreas *(lacht)*: Bei den Shownummern schon. Aber bei der Illusion zum Fliegen nicht, dann wäre es ja keine Illusion ...

Was macht euch am meisten Spaß bei eurem Job?

Chris: Die Menschen zu unterhalten, Erwachsene wieder in die Kindheit zu versetzen und sie zum Staunen und Lachen zu bringen.

Und nervt auch manchmal was? Und jetzt sagt nicht: mein Bruder!

Andreas: Mich nervt es manchmal, dass ich häufig am Wochenende auf der Bühne stehe, statt bei meiner Familie zu sein, wenn meine Kinder Zeit haben.

Chris: Ich kann das gar nicht so genau sagen. Mich nervt nicht einmal, wenn die Nächte lang werden und wir megaviel arbeiten. Mein Bruder und ich streiten tatsächlich hin und wieder, aber das ist ja ganz normal. Andererseits ergänzen wir uns total: Andreas ist mehr der Tüftler. Und ich kümmere mich eher um Licht, Musik, Feuerwerk. Wir haben dasselbe Ziel und dieselbe große Leidenschaft. Das ist toll!

Welchen Trick würdet ihr gern einmal umsetzen, wisst aber noch nicht, wie?

Chris: Eine Zaubershow auf dem Mond! Das wäre was!

Andreas: Ja, in der Schwerelosigkeit! Da sind bestimmt noch ganz andere Tricks möglich ... ■

WEBLINK

Magier verraten ihre Tricks eigentlich nicht. Für euch machen die Ehrlich Brothers eine Ausnahme und zeigen auf www.eb-magic.com/geolino, wie ihr mit der »Konfettibombe« das Publikum verblüfft

Zauberhafter Besuch: Zwei Stunden lang haben sich Chris und Andreas Zeit für Michael und Simone von **GEOlino** genommen

GEO

01
GEOLINO EXTRA-Heftpaket
· Zwei besonders beliebte Ausgaben: „Eiszeit“ und „Im Reich der Säugetiere“

Ohne Zuzahlung

02
„365 Ideen für deine LEGO-Steine“
· LEGO-Spaß für jeden Tag im Jahr
· Witzige Spiele, Anleitungen und Tricks
· Gebundene Ausgabe, 256 Seiten

Ohne Zuzahlung

03
GEOLINO-Sammelschuber
· Aus robustem Hartkarton
· Schützt und bringt Ordnung in die GEOLINO-Sammlung
· Für bis zu 14 Ausgaben

Zuzahlung: nur 1,– €

Prämie zur Wahl!

04
WAS IST WAS Weltatlas
· Die ganze Welt in einem Buch
· 80 Karten plus Länderlexikon
· Gebundene Ausgabe, 232 Seiten

Ohne Zuzahlung

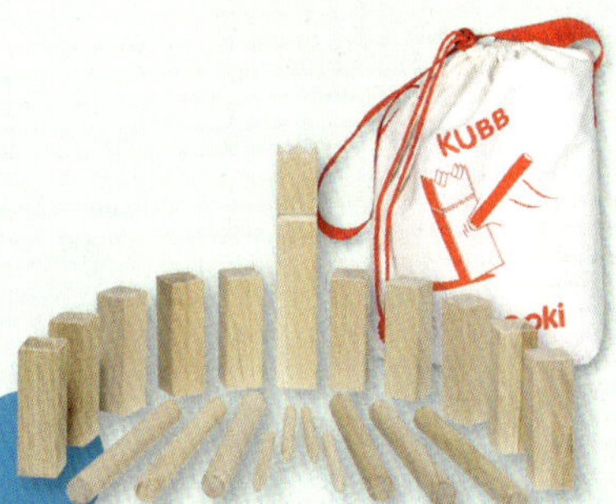

05
GOKI Wikingerspiel „Kubb“
· Outdoor-Klassiker für die ganze Familie
· Im praktischen Transportbeutel
· Naturbelassenes Birkenholz

Zuzahlung: nur 1,– €

06
WAS IST WAS „Entdecke die Welt“
· Kooperatives Quiz-Spiel
· Über 300 Fragen in 5 Kategorien
· Für 1–4 wissbegierige Kinder

Zuzahlung: nur 1,– €

www.geolino.de/extra | +49 (0) 40 / 55 55 89 90

6 Ausgaben GEOLINO EXTRA für zzt. 49,80 € (ggf. zzgl. einmaliger Zuzahlung für die Prämie). Es besteht ein 14-tägiges Widerrufsrecht. Zahlungsziel: 14 Tage nach Rechnungserhalt. Alle Preisangaben inkl. MwSt. und Versand.

Bitte Bestell-Nr. angeben:
selbst lesen 199 9966/verschenken 199 9967

Tarnkappen

ICH BIN DANN MAL WEG

Harry Potter zieht seinen Zauberumhang über, und – schwupps! – ist er nicht mehr zu sehen. Auch Frodo aus »Der Herr der Ringe« kennt so seine Tricks, um von der Bildfläche zu verschwinden. Selbst die alten Griechen träumten bereits davon, sich unsichtbar zu machen. Alles **Spinnerei**? Jein. Forschende tüfteln tatsächlich schon länger an Techniken, um Menschen und Gegenstände zu verbergen. Wir liefern euch einen Überblick, welche das sind

— Text: Stefan Greschik

Der Kameratrick

Um auf diese Art zu verschwinden, braucht ihr zwei Dinge: Erstens eine Kamera, mit der ihr die Umgebung hinter euch aufnehmt (1). Und zweitens einen **Bildschirm**, auf dem die Aufnahme gezeigt wird (2). Versteckt ihr euch hinter dem Schirm, seid ihr nicht nur vor Blicken verborgen. Menschen vor euch schöpfen auch gar keinen Verdacht. Sie sehen die Umgebung ja, wie sie hinter euch ist. Nur eben ohne euch. Eine prima Methode – allerdings mit **Schwächen**: Erstens muss der Bildschirm ausreichend groß sein, um euch vollständig zu verdecken. Zweitens müsst ihr ihn mitschleppen, wenn ihr euch bewegt. Und drittens funktioniert er nur bei Menschen, die direkt vor euch stehen. Schauen sie von der Seite oder von hinten, fällt der Schwindel sofort auf.

Illustrationen: Henriette Jakubik/GEOlino unter Verwendung von Shutterstock

Achtung, Umleitung!

Zauberer und Magierinnen nutzen auf der Bühne schon lange Spiegel, um etwa Kaninchen oder Menschen verschwinden zu lassen. Manche Tricks funktionieren mit nur einem **Spiegel**, für andere sind komplizierte Anordnungen nötig. Unten seht ihr eine Tarnkappe mit vier Spiegeln. Diese lenken Lichtstrahlen von links (1) so im Zickzack um die Frau in der Mitte herum (2), dass der Beobachter (3) in Spiegel 4 nur Bäume sieht. Als Zaubertrick ist das okay, allerdings klappt er nur, solange der Beobachter an seinem Platz bleibt. Geht er nach links oder rechts, erkennt er die Spiegel und die Frau dahinter sehr schnell, und die **Illusion** fliegt auf. Ein richtiger Ersatz für Harry Potters Tarnumhang ist die Licht-Umleitung also leider auch nicht.

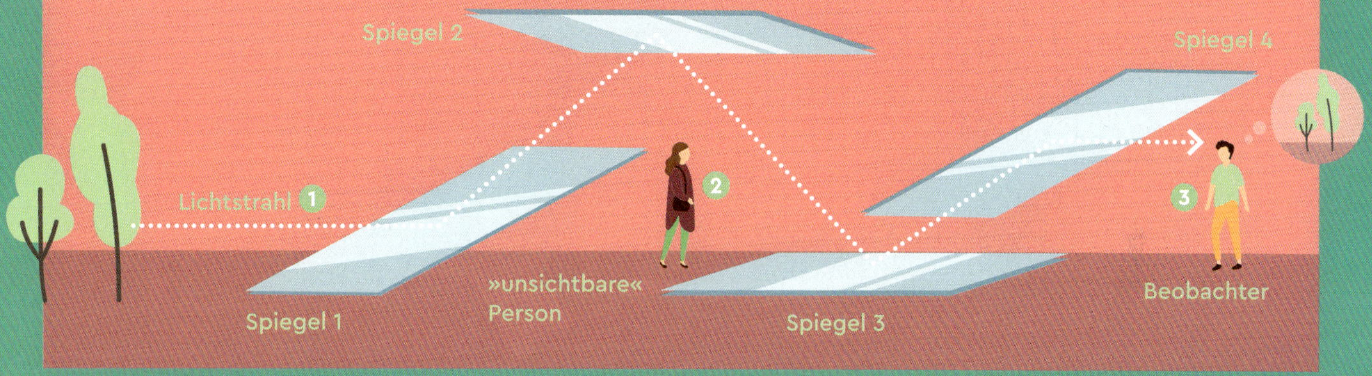

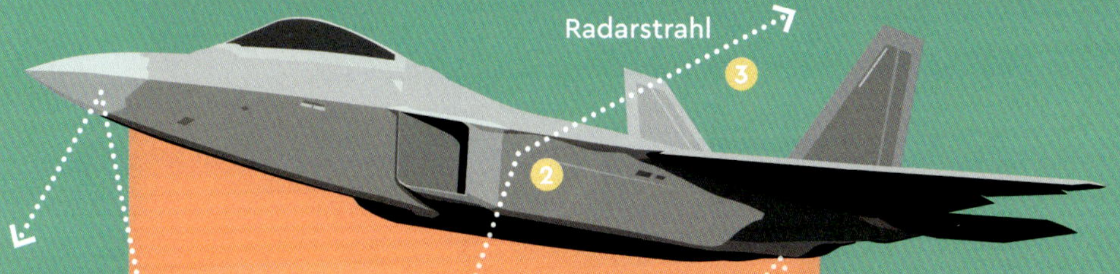

Geist am Himmel

Kampfflugzeuge sind im Krieg eine wichtige Waffe. Allerdings können sie leicht abgeschossen werden, wenn die gegnerische Armee sie erkennt. Mit einem **Radar** klappt das auch in tiefschwarzer Nacht. Dabei senden Antennen (1) Radiowellen aus, die auf das Flugzeug (2) treffen und zurückgeworfen werden. Dieses Echo nehmen die Antennen wieder auf – und schon ist das Flugzeug entdeckt. Ganz ähnlich finden übrigens Fledermäuse nachts ihre Beute. Sogenannte **Tarnkappenbomber** versuchen unerkannt zu bleiben, indem sie das Radar austricksen. Diese Flieger sind eckig und haben nur glatte Flächen. Dadurch werden Radarstrahlen in andere Richtungen abgelenkt (3) und nicht zur Antenne zurückgeschickt. Außerdem besteht die Oberfläche aus Materialien, die Radiowellen dämpfen – so wie ein dicker Teppich den Lärm von Schritten verschluckt.

Lichtstrahl

Metagut

Lassen sich auch Tarnumhänge bauen, die aus jedem Blickwinkel unsichtbar machen? Forschende sagen: Das ist möglich. Alles, was man dazu braucht, ist ein sogenanntes **Metamaterial**: einen Stoff, der Lichtstrahlen um einen Menschen so herumleitet, dass sie sich hinter ihm wieder vereinigen – wie im Bild oben. Für andere sähe es dann so aus, als ob da niemand wäre. Das große Problem: Metamaterialien gibt es bisher nur für rotes Licht. Für andere Farben müssen die Forschenden den Zauberstoff erst noch zusammenbauen. Und zwar, so zeigen Berechnungen, als Gitter aus winzigen Teilchen, die jeweils kleiner sind als die Wellenlänge des Lichtes, das abgelenkt werden soll. Das ist extrem schwierig. Sollte es in Zukunft klappen, hätte ein **Tarnumhang** aber noch immer einen Nachteil: Für die Person darunter wäre es stockfinster, weil das Licht ja um sie herumgelenkt wird. Hinausschauen wäre unmöglich.

FENJAS WELT

Wie wird das Wetter heute? Fenja lässt es sich von ihrem **Smartphone** sagen. Wenn sie die Sprachausgabe anstellt, wird der Text auf dem Display laut vorgelesen

Farben, Bilder oder das Aussehen von Menschen sind Fenja fremd. Die 14-Jährige ist von Geburt an blind. Ihren **Alltag** meistert sie darum mit anderen Sinnen: Sie verlässt sich auf ihre Nase, das Gehör – und beweist jede Menge Fingerspitzengefühl

Text: Annika Sartor — Fotos: Swantje Wehr und Tobias Eineder

Zusammen mit ihrer Mutter spaziert Fenja fast täglich durch die Nachbarschaft. Mit dem Blindenstock tastet sie beim Laufen den Gehweg ab

Natürlich haben die Straßen in der Nachbarschaft richtige Namen – aber Fenja hat sich eigene überlegt: An der „Pizza-Ampel“ riecht man die Pizzeria an der Ecke, in der „Schwimmbad-Straße“ gibt es eine Baugrube, in die Regen prasselt wie in ein Schwimmbecken – und mit dem „Hundekack-Weg“ hat sie auch so ihre Erfahrungen gemacht … Die ausgedachten Bezeichnungen helfen Fenja, sich zurechtzufinden. Wenn sie unterwegs ist, orientiert sie sich nicht nur an Gerüchen und Geräuschen. Sie hat auch einen Stock dabei, den sie nach rechts und links schwenkt und so den Gehweg vor ihren Füßen abtastet. Fenja ist blind.

Zusammen mit ihren Eltern und ihrem großen Bruder wohnt die 14-Jährige in einem Reihenhaus in Pinneberg nordwestlich von Hamburg. Eine Holztreppe führt in ihr Zimmer: Wände in Grau und Rosa, Fenster zum Garten, an die Tür haben die Eltern ein großes Foto gehängt. „Was ist da noch mal drauf?“, fragt Fenja. Das Bild zeigt sie als Baby, kurz nach der Geburt.

Erst ein paar Wochen später ahnte ihre Mutter, dass mit Fenjas Augen etwas nicht stimmt: Sie reagierte zwar auf Geräusche, aber nicht auf das Lächeln anderer Leute, die Grimassen ihres Bruders oder bunte Spielzeuge. Schließlich stellten Ärzte einen seltenen Gendefekt in den Sehzellen ihrer Netzhaut fest. Das Einzige, was Fenja heute erkennen kann, sind starke Kontraste zwischen hell und dunkel – eine Straßenlaterne in der Finsternis oder Lichter beim Laternenumzug. Damit gilt sie als blind, so wie geschätzt 7500 andere Kinder unter 15 Jahren in Deutschland. Zum Glück sind das verhältnismäßig wenige, doch für Betroffene wie Fenja heißt das: Die allermeisten Dinge sind für Sehende gemacht.

Vieles läuft in Fenjas Alltag darum anders, „aber es geht“, sagt sie: Statt Fahrrad fährt sie Tandem mit ihrem Bruder oder spielt mit einem Fußball, in dem ein Glöckchen klingelt. Sie lässt sich von ihrem Handy das Wetter ansagen, ertastet die Zeiger an ihrer aufklappbaren Armbanduhr. Statt Lieblingsfarben hat sie Lieblingsgeräusche – Meeresrauschen, Hufgetrappel und Vogelstimmen –, von denen sie Dutzende unterscheiden kann. Außerdem trägt sie am liebsten bequeme, leise Kleidung: „Ganz schlimm sind Regenjacken, die rascheln. Das macht mich wahnsinnig“, sagt sie lachend. Zum Lesen hat sie eine ▸

Bereit für eine Runde »Mensch ärgere Dich nicht«: Das Spiel ist so gestaltet, dass Fenja die Wege ertasten, die Figuren mit den Fingern unterscheiden und die Augenzahlen auf dem Würfel fühlen kann

Fotos: Swantje Wehr/GEOlino; Illustrationen: Shutterstock

In der Pause spielt Fenja **Fußball** – nach Gehör. Im Inneren des Balles befinden sich klingelnde Glöckchen. Bei Übungen im Sportunterricht steht ihr ein Helfer zur Seite

Punktschrift gelernt: Buchstaben und Zahlen aus Noppen, die man auf Papier tasten kann.

Seit der 1. Klasse besucht Fenja eine Schule für Kinder mit Sehbehinderungen und nimmt dafür einen langen Weg in Kauf. Ihr Wecker klingelt unter der Woche um 5.30 Uhr. Eine gute Stunde später stellt sie sich auf die Einfahrt und wartet, dass der Schultransport sie einsammelt. Der kleine Bus fährt sie bis vor das Schulgebäude im Hamburger Stadtteil Winterhude. Den Weg zum Klassenraum muss Fenja dann allein finden. Zur Hilfe verlaufen auf dem Boden geriffelte Bahnen, die sie mit ihrem Blindenstock bemerken kann. Und überall gibt es Handläufe, an denen man fühlt, wo man sich befindet: Wer drei Knubbel auf dem Geländer tastet, steht in Gang drei.

Fenja kennt den Weg zu ihrem Platz längst auswendig und wartet geduldig, bis auch alle anderen sitzen. Ihre Klasse besteht aus zwölf Schülerinnen und Schülern. Drei von ihnen sind blind, die übrigen haben andere Sehbehinderungen. Damit alle so gut wie möglich lernen können, steht auf jedem Platz ein Laptop. Darauf können sich die Jungen und Mädchen die Arbeitsblätter in extragroßer Schrift anzeigen oder in Blindenschrift übersetzen lassen. Fenja benutzt dazu eine sogenannte Braille-Zeile: eine Leiste mit Metallstiften, die die Buchstaben vom Bildschirm in die fühlbare Punktschrift umwandelt. Bespricht die Klasse Schaubilder, bekommt sie eine Schwellkopie: ein fühlbares Bild auf Papier. Mit dem Finger kann sie die erhabenen Linien entlangfahren und so erkennen, was darauf abgebildet ist – Unterricht zum Anfassen.

Nach der Schule verbringt Fenja meistens Zeit zu Hause. Leider wohnt niemand aus ihrer Klasse in der Nähe. Stattdessen kommt einmal die Woche Fenjas Ersatz-Oma vorbei, eine ältere Frau. Die beiden lesen sich Geschichten vor oder spielen „Mensch ärgere Dich nicht". Das Spiel ist so angepasst, dass Fenja die Wege, Figuren und die Augenzahlen auf dem Würfel ertasten kann.

An anderen Nachmittagen geht sie mit ihrer Mutter spazieren oder

Zum Schreiben benutzt Fenja die normale Laptop-Tastatur. Anschließend kann sie mit der **Braille-Zeile** (rechts) nachlesen, was auf dem Bildschirm steht. Das Gerät übersetzt die Worte in fühlbare **Punktschrift** (ganz rechts)

Den Gang entlang: Überall in Fenjas Schule befinden sich **Handläufe** (oben). Damit man sich noch besser zurechtfindet, sind sie mit verschiedenen **Hervorhebungen** versehen (rechts)

macht es sich in ihrem Zimmer gemütlich. In dem kleinen Raum gilt: Ordnung muss sein. Alle Sachen haben einen festen Platz, damit Fenja sie wiederfindet. Im Regal stehen CDs mit Musik und Hörbüchern – und haufenweise Lesestoff.

Die Geschichten sind in Punktschrift gedruckt, jedes Buch ist ein dicker Ordner voller weißer Seiten. Natürlich entstehen auch beim Lesen keine Bilder in Fenjas Kopf. Wie stellt sie sich die Figuren vor? „Wenn da steht, dass jemand blaue Augen oder braune Haare hat, sagt mir das natürlich gar nichts“, beschreibt sie. „Für mich ist dann interessanter, ob das ein Junge oder Mädchen ist, groß oder klein ...“ Sie legt sich eines der Bücher in den Schoß und fängt an zu lesen. Dabei fliegen ihre Fingerkuppen über den Text, Zeile für Zeile, Seite für Seite ... ▶

Geschichten zum Reinfühlen: Jedes **Buch** in Fenjas Zimmer ist ein weißer Papierstapel, der Text darin in Punktschrift gedruckt. Die 14-Jährige liest ihn mit den Fingerkuppen

Striegeln, putzen, satteln: Viele Aufgaben erledigt Fenja im **Stall** ganz allein (oben). Auf dem **Reitplatz** geht Stute Caja an der Longe, damit Fenja nicht die Richtung vorgeben muss (rechts)

Freitag ist Fenjas Lieblingstag. Nach der Schule zieht sie sich um und setzt sich mit ihrer Mutter ins Auto. 15 Minuten Fahrt, ein paar kurvige Landstraßen und einen Schotterparkplatz später atmet sie den Geruch von Pferden, Mist und frischem Heu – Reitstall-Luft. Fenja geht zu den Boxen und tastet sich flink zum Stellplatz von Caja vor: einem Pferd mit vanillefarbenem Kuschelfell, auf dem sie seit einem Jahr reitet.

Als Caja den Kopf hebt, steckt Fenja ihre Hand durch das Gitter und streicht ihr zur Begrüßung über die samtweichen Nüstern: „Na, du, wie geht es dir?" Die beiden kennen und vertrauen einander. Caja hat gelernt, dass sich Fenjas Berührungen besonders anfühlen. Und Fenja weiß, dass Caja geduldig stillsteht, wenn sie sie striegelt, ihr die Hufe auskratzt oder den Sattel auflegt. Reitlehrerin Anika hilft dabei, die Trense ins Maul zu schieben – dann geht es auf den Reitplatz.

Während des Unterrichts ist Caja an der Longe angeleint, damit Fenja nicht lenken muss. Mitarbeiten muss sie trotzdem: „Zügel in beide Hände!", „Auf den Pobacken sitzen bleiben!", „Mit den Beinen treiben!", ruft die Lehrerin ihr zu. Und als Fenja eine halbe Stunde später absitzt, lobt sie: „Das hast du gut gemacht." „Caja aber auch", sagt Fenja und hält der Stute ein paar Möhren hin.

Auf der Rückfahrt sitzt Fenja im Auto, den Kopf gesenkt, die Hände auf den Oberschenkeln, aber im Gesicht ein breites Lächeln. Natürlich gibt es Situationen, in denen sie unzufrieden ist, sagt sie. Wenn Menschen auf der Straße tuscheln, „es um irgendwelche Bilder geht" oder sie sich ausgeschlossen fühlt. Aber in anderen Momenten, so wie jetzt, ist sie ganz einfach glücklich. ■

Selbstbewusst, fröhlich und unglaublich geschickt: Die **GEOlino-Reporterinnen** Annika (links) und Swantje waren von Fenja schwer beeindruckt

Fotos: Tobias Eineder für GEOlino EXTRA (o., 2); Swantje Wehr/GEOlino (.); Illustrationen: Shutterstock

DAS IST IHR JOB

Spuren lesen, Geister jagen, winzige Teilchen aufspüren: Viele **Berufe** klingen unglaublich spannend. Sind sie es wirklich? Wir machen den Check

— **Protokolle: Julia Wäschenbach**

Mithilfe solch gigantischer **Detektoren** will Florian Rehm winzige Teilchen aufspüren. Manche der Anlagen sind schwerer als 10 000 Autos

FLORIAN REHM, 25

QUANTENPHYSIKER

Arbeitsort: Das CERN in der Schweiz. Hier arbeiten Forschende aus aller Welt zusammen, um kleinste Teilchen zu erforschen. Die heißen Quanten und sind für unser Auge unsichtbar.

So sieht mein Alltag aus: Mit Geräten, die so groß sind wie mehrstöckige Häuser, erzeugen wir winzige Teilchen und gucken, wie sie reagieren, wenn sie aufeinandertreffen. Das machen wir, indem wir sie immer schneller machen und dafür sorgen, dass sie fast mit Lichtgeschwindigkeit zusammenstoßen.

Ich bin Quantenphysiker geworden, weil … ich möchte, dass wir Menschen immer mehr wissen und bessere Technologien nutzen können. Ein Beispiel ist das Smartphone. Das zu entwickeln war möglich, weil Physiker mit der Zeit gelernt haben, immer kleinere Teilchen zu verstehen. Deshalb kann jetzt in so einem kleinen Ding wie dem Handy ganz komplizierte Technologie stecken, ohne dass man das sieht.

Das mag ich besonders an meinem Job: Ich finde es faszinierend, wenn Forschende sich etwas überlegen, es aber nicht beweisen können, und sich viel später herausstellt, dass es das tatsächlich gibt. Am CERN haben wir schon einige solcher Entdeckungen sichtbar gemacht.

Manchmal nervt mich … dass meine Freunde und Familie meine Arbeit nicht verstehen. Das macht Quantenphysik aber auch ziemlich cool.

Während meiner Ausbildung habe ich gelernt … dass es sehr anstrengend ist, die komplizierten Zusammenhänge in der Quantenphysik zu verstehen. Aber wenn man es geschafft hat, kann man sehr stolz sein.

Die Arbeit mit Unsichtbarem … fühlt sich manchmal wirklich wie Zauberei an. Aber mit unseren speziellen Messgeräten können wir es sichtbar machen.

Actionfaktor: ★★☆☆☆

Ist was für: Teamworker, Forscher

Herzstück: In diesem **Kontrollraum** am CERN überwacht Florian Rehm seine Experimente (oben). An den Detektoren entstehen Unmengen **Messdaten**, die von Dutzenden kühlschrankgroßen Rechnern verarbeitet werden (unten)

Auch die Funktion und das Zusammenspiel der vielen **Rechner** wird von einem Arbeitsplatz aus überwacht

Fotos: CERN; Shutterstock (l. o.)

Verräterische Fäden: Oft hinterlassen Täter oder Täterinnen feine **Fasern** am Tatort, etwa von Kleidungsstücken. Angelika Schwetz untersucht sie in ihrem Labor

Unter dem Spezial-Mikroskop kann die Expertin erkennen, aus welchem **Material** eine Faserspur besteht

ANGELIKA SCHWETZ, 54:

EXPERTIN FÜR FASERSPUREN

Arbeitsort: die Labore für Textilkunde am Hessischen Landeskriminalamt

So sieht mein Alltag aus: Ich untersuche Textilfasern, die meine Kollegen zum Beispiel an einem Tatort finden. Sie können etwa von der Kleidung des Täters oder der Täterin stammen. Diese Faserspuren sind so klein, dass man sie mit dem Auge nicht sehen kann. Mit meinen Mikroskopen kann ich sie aber sichtbar machen. Indem ich die Spuren untersuche, kann ich etwa beweisen, dass jemand an einem Tatort war oder dass zwei Menschen miteinander gekämpft haben.

Ich bin Expertin für Faserspuren geworden … durch einen Zufall. Ich habe Textiltechnik studiert und dann gesehen, dass das Landeskriminalamt eine Textil-Expertin sucht.

Das mag ich besonders an meinem Job: Die Kombination aus der modernen Technik, mit der wir die Spuren auswerten, und dem kriminalistischen Denken, das man braucht. Das finde ich total spannend. Jeder Fall ist einmalig, und wir müssen immer wieder neu überlegen, wie wir Täterinnen und Täter überführen können.

Manchmal nervt mich: Wenn wir brauchbare Spuren haben und den Täter oder die Täterin trotzdem nicht finden, obwohl wir uns enorm anstrengen. Das macht mich richtig unzufrieden.

Während meiner Ausbildung habe ich gelernt: Wie Fasern und Textilien hergestellt und verarbeitet werden. Hier im Labor habe ich dann gelernt, wie man kleinste Spuren davon mit speziellen Mikroskopen sichtbar machen kann.

Mein aufregendster Fall: Es gab mal einen Täter, der eine Firma erpresst hat – ihr also etwas Böses angedroht hat, wenn sie ihm kein Geld bezahlt. Zum Aufkleben der Briefmarken auf die Erpresserbriefe hat er Handschuhe getragen. Es gab weder DNS-Spuren noch Fingerabdrücke, aber mit den Faserspuren haben wir den Täter überführt.

Actionfaktor: 3 von 5

Ist was für: Einzelgänger, Forscher, Geschickte

WALTER VON LUCADOU, 76:

PARAPSYCHOLOGE

Arbeitsort: Ein Büro in Freiburg. Hier besuchen mich Menschen, die Dinge erlebt haben, die sie nicht durchschauen oder sich nicht erklären können.

So sieht mein Alltag aus: Manchmal rufen mich zum Beispiel Eltern an, weil ihre Kinder unsichtbare Gestalten sehen. Dann kann ich ihnen oft die Sorgen nehmen und mithilfe der Psychologie erklären: Das ist völlig normal – in ihrer Fantasie. Davon haben Kinder noch besonders viel. Manchmal steckt aber auch Physik hinter rätselhaften Phänomenen: Einmal meldete sich jemand bei mir, der eine geisterhafte Stimme aus seinem Teekessel hörte. Die gab es tatsächlich! Ein starker Radiosender in der Nähe und zwei aufeinanderliegende Metallplatten neben dem Herd hatten ihn in einen Empfänger verwandelt. Der Mann konnte also über seinen Teekessel Radio hören! Um zu untersuchen, was es mit diesen unsichtbaren Phänomenen auf sich hat, mache ich manchmal auch Experimente.

Ich bin Parapsychologe geworden, weil … ich wissen wollte, was hinter solchen Erlebnissen steckt. Diese Dinge interessieren mich besonders. Ich bin zwar Physiker, habe aber gemerkt, dass man mit Physik nicht alles erklären kann. Manchmal braucht es dazu auch das Wissen, wie der menschliche Verstand funktioniert, also die Psychologie.

Das mag ich besonders an meinem Job: Dass ich herausgefunden habe, dass unerklärbare Phänomene oft nützliche Warnsignale sind. Nehmen wir an, eine Person hat ein Problem, weil sie in der Schule gemobbt wird. Sie erkennt das Problem aber nicht bewusst oder verdrängt es. Manche bekommen dann Bauch- oder Kopfschmerzen. Und andere sehen eben Dinge, die es gar nicht gibt. Der Spuk wirkt dabei wie eine Alarmglocke und bedeutet: Da will etwas auf sich aufmerksam machen, was mir auf der Seele liegt. Das finde ich eigentlich eine gute Botschaft.

Manchmal nervt mich … dass so viele Leute denken, das Übersinnliche sei Blödsinn und Spinnerei.

Während meiner Ausbildung habe ich gelernt … dass jeder Mensch die Welt auf seine Weise wahrnimmt und dass wir miteinander sprechen müssen, um einander zu verstehen. Ich habe übrigens Physik und Psychologie studiert.

An Geister glaube ich … nicht wirklich. Ich glaube, dass sie in den Köpfen der Menschen stecken – als eine Hilfe, um Dinge zu begreifen, die man weder sieht noch versteht.

Actionfaktor: 3 von 5

Ist was für: Einzelgänger, Mutige

Walter von Lucadou versucht, übernatürliche **Phänomene** mithilfe von Physik und Psychologie zu erklären

Geistreiche Büro-Deko: Das **Spukschloss** (oben) hat Walter von Lucadous Sohn gebastelt. Den **Löffel** (unten) hat der Zauberkünstler Uri Geller vor seinen Augen verbogen – angeblich allein durch die Kraft seiner Gedanken

GROSS RAUS

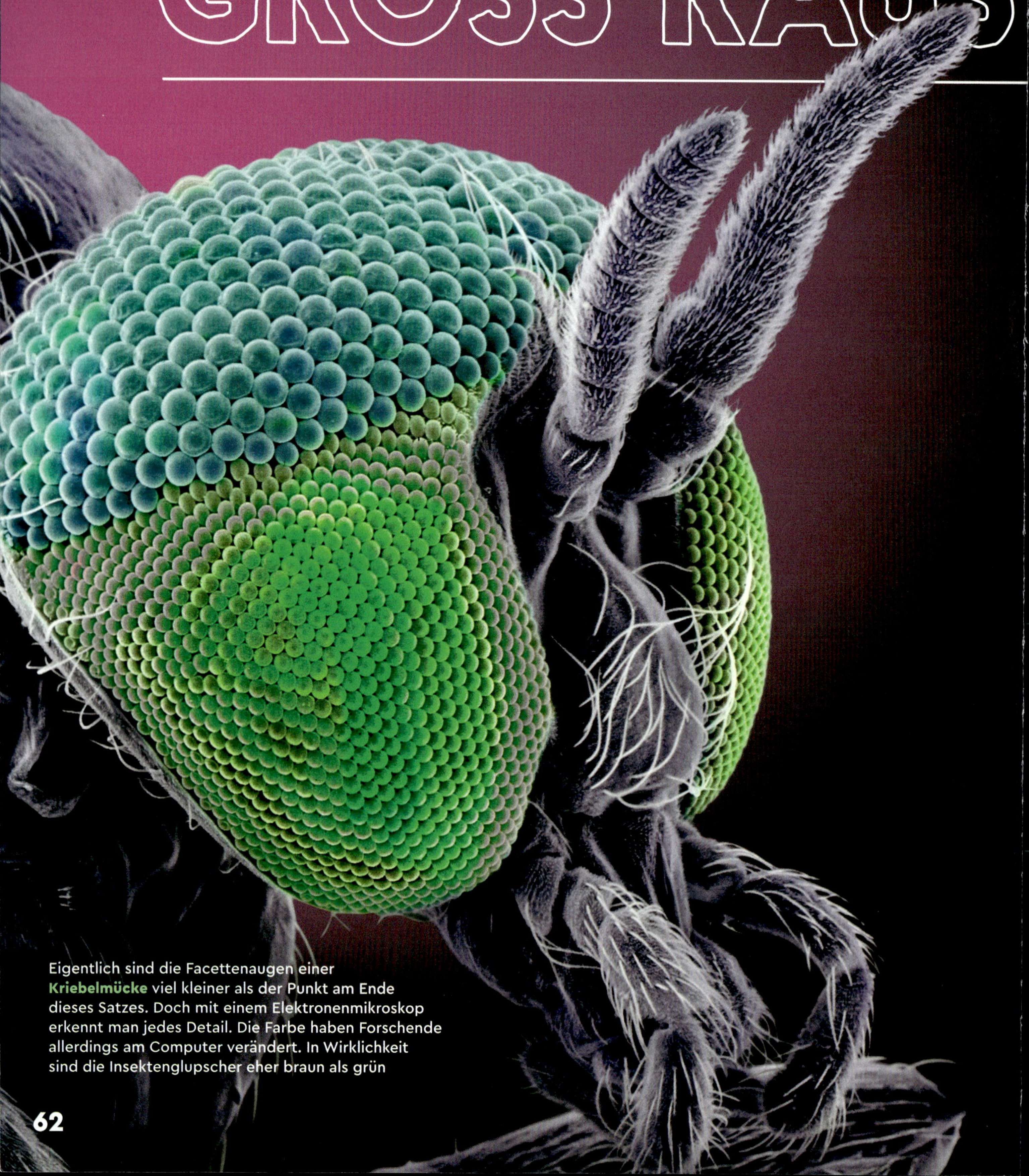

Eigentlich sind die Facettenaugen einer **Kriebelmücke** viel kleiner als der Punkt am Ende dieses Satzes. Doch mit einem Elektronenmikroskop erkennt man jedes Detail. Die Farbe haben Forschende allerdings am Computer verändert. In Wirklichkeit sind die Insektenglupscher eher braun als grün

GEBRACHT

Mückenaugen groß wie Handbälle und lachende Kaulquappen: Unter Mikroskopen sieht die Welt oft ganz anders aus, als wir sie kennen. Denn manche der **Apparate** lassen Dinge hundert-, tausend- oder gar millionenfach größer erscheinen, als sie in der Natur sind

— Text: Stefan Greschik

Wir können Mikroskope einfach als Geräte sehen, mit denen Forschende kleine Dinge untersuchen. Oder wir stellen uns vor, es seien Zauberwerkzeuge, die uns in eine fremde Welt reisen lassen. Eine Welt, in der sich gewöhnliche Dinge auf fantastische Weise verwandeln, in der Furcht einflößende Monster leben und unfassbar winzige Teilchen so greifbar werden wie Backsteine. Klingt doch viel spannender, oder?

Man braucht sich nur eine Handvoll Sand einmal genauer anzuschauen. Mit bloßem Auge erkennen wir nichts als ein paar unscheinbare Körnchen. Doch unter Vergrößerungsgeräten werden die Krümel zu einem farbenfrohen Sammelsurium. Da liegen Muscheln und Schneckenhäuser, glänzen Nadeln, schimmern dunkelrote „Bonbons“ mit weißen Punkten. Eine Wunderwelt, die uns hier eröffnet wird! Doch wie wird sie sichtbar? Und wer hat Lupen und Mikroskope überhaupt erfunden?

Ein Korn wie das andere? Von wegen! **Sand** besteht aus einem Sammelsurium von Teilchen aller möglichen Farben, Größen und Formen, die unter dem Lichtmikroskop sichtbar werden

Lupen für Mönche

Zu den Ersten, die Vergrößerungsgeräte benutzen, gehören die Mönche des Mittelalters. Die müssen in ihren Schriften oft kleine Buchstaben entziffern. Um sich die Arbeit zu erleichtern, legen sie eine Halbkugel aus geschliffenem Glas auf das Papier – einen „Lesestein“. Schon erscheinen die Buchstaben fast doppelt so groß wie zuvor! Die Lesesteine funktionieren wie Lupen.

Um weiter in die Welt der Kleinigkeiten vorzustoßen, sind sie allerdings noch zu schwach. Erst gegen ▶

Fotos: Bridgeman (l.); imago (r.); Illustration: Shutterstock

DER TRICK MIT DEM KNICK

Lesesteine, Lupen und einfache Objektive nutzen den gleichen Trick: Ihre Sammellinse lenkt Lichtstrahlen um. Schauen wir uns die rechte **Biene** an (1). Ohne Linse nimmt das Auge nur Licht von ihr auf, das direkt aus ihrer Richtung kommt (blaue Strahlen) (2): Wir sehen das Insekt klein. Die Linse lenkt aber auch **Lichtstrahlen** weiter oben und unten zum Auge (rosa Strahlen) (3). Die Folge: Wir sehen ein vergrößertes Bild der Biene (4).

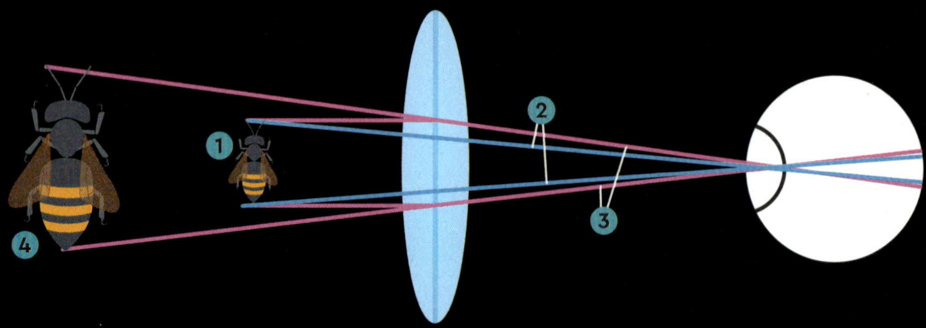

Ende des 16. Jahrhunderts verbessern holländische Spezialisten die Sehhilfen: Statt der plumpen Halbkugeln schleifen sie dünne Linsen und setzen mehrere davon hintereinander. Dadurch vervielfacht sich der Effekt.

Der Glasmacher Zacharias Janssen schafft es um das Jahr 1595 schon, Dinge neunfach zu vergrößern. Das reicht etwa, um Details an Insekten zu erkennen: den eingerollten Rüssel eines Schmetterlings oder die Facettenaugen eines Marienkäfers. Im Jahr 1670 entwickelt der niederländische Forscher Antoni van Leeuwenhoek schließlich Vergrößerungsgeräte, sogenannte Mikroskope, die untersuchte Objekte 300-fach größer zeigen als in der Natur!

Wunderwelt der Winzlinge

Mit seinen Apparaten dringt Leeuwenhoek endgültig in den Mikrokosmos vor: Der Holländer beobachtet zum Beispiel, dass Flöhe in Eiern heranwachsen – und nicht aus Sand entstehen, wie Forschende zuvor dachten. Er beschreibt rote Blutkörperchen, die in unserem Körper den Sauerstoff transportieren, und sieht feinste Blutgefäße, sogenannte Kapillaren.

Vor allem faszinieren ihn aber die Winzlinge, die überall herumwimmeln: im Teichwasser, im Speichel, sogar im Zahnbelag. Leeuwenhoek nennt sie *animalcules*, „kleine Tiere". Heute kennen wir diese Einzeller unter dem Namen Protozoen und als Bakterien. Manche von ihnen gehören zu den gefährlichsten Krankmachern überhaupt. Dank Mikroskopen können Medizinerinnen und Mediziner die Fieslinge in den nächsten Jahrhunderten erforschen.

Das Lichtproblem

Nach Leeuwenhoek werden die Mikroskope zunächst immer besser. Doch im 19. Jahrhundert berechnet der deutsche Physiker Ernst Abbe, dass normale Lichtmikroskope Dinge nur bis zu einer Größe von etwa 0,0004 Millimetern abbilden können. Versucht man weiter vorzudringen, verschwimmen alle Bilder. Die Bewohner der Miniwelt verschwinden wie unter einem Tarnmantel.

Woran das liegt? Am Licht selbst. Denn das ist ziemlich launisch: Mal verhält es sich wie ein Strom aus Teilchen, mal wie eine Welle. Stellt euch vor, dass Lichtwellen wie Wasserwellen auf und ab schwappen. Dass sie in alle ▶

Bitte lächeln! Diese Grinsebacke ist eine **Kaulquappe** in 29-facher Vergrößerung. In ihrem späteren Leben verwandeln sich solche Larven übrigens in Grasfrösche

DAS LICHTMIKROSKOP

Wie der Name sagt, werden Objekte beim Lichtmikroskop mit Licht untersucht – dieses stammt meist aus einer **Lampe** (1) im unteren Teil des Mikroskops. Bei unserem Modell wird es durch einen **Spiegel** (2) zu dem **Kondensor** (3) geleitet. Der Kondensor besteht aus einer oder mehreren Linsen. Er sammelt das Licht und lenkt es zum **Objekttisch** (4), auf dem das zu untersuchende Objekt festgemacht ist. Von dort fällt das Licht in das **Objektiv** (5). Das Objektiv ist der wichtigste Teil des Mikroskops: Es besteht aus mehreren Linsen und erzeugt ein vergrößertes Bild des Objekts. Dieses Bild wird im **Tubus** (6) noch einmal durch ein weiteres Linsensystem, das **Okular** (7), vergrößert und kann nun mit dem Auge angeschaut werden.

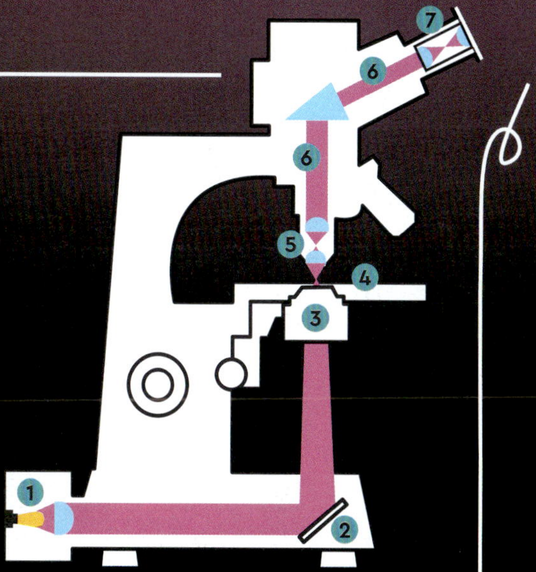

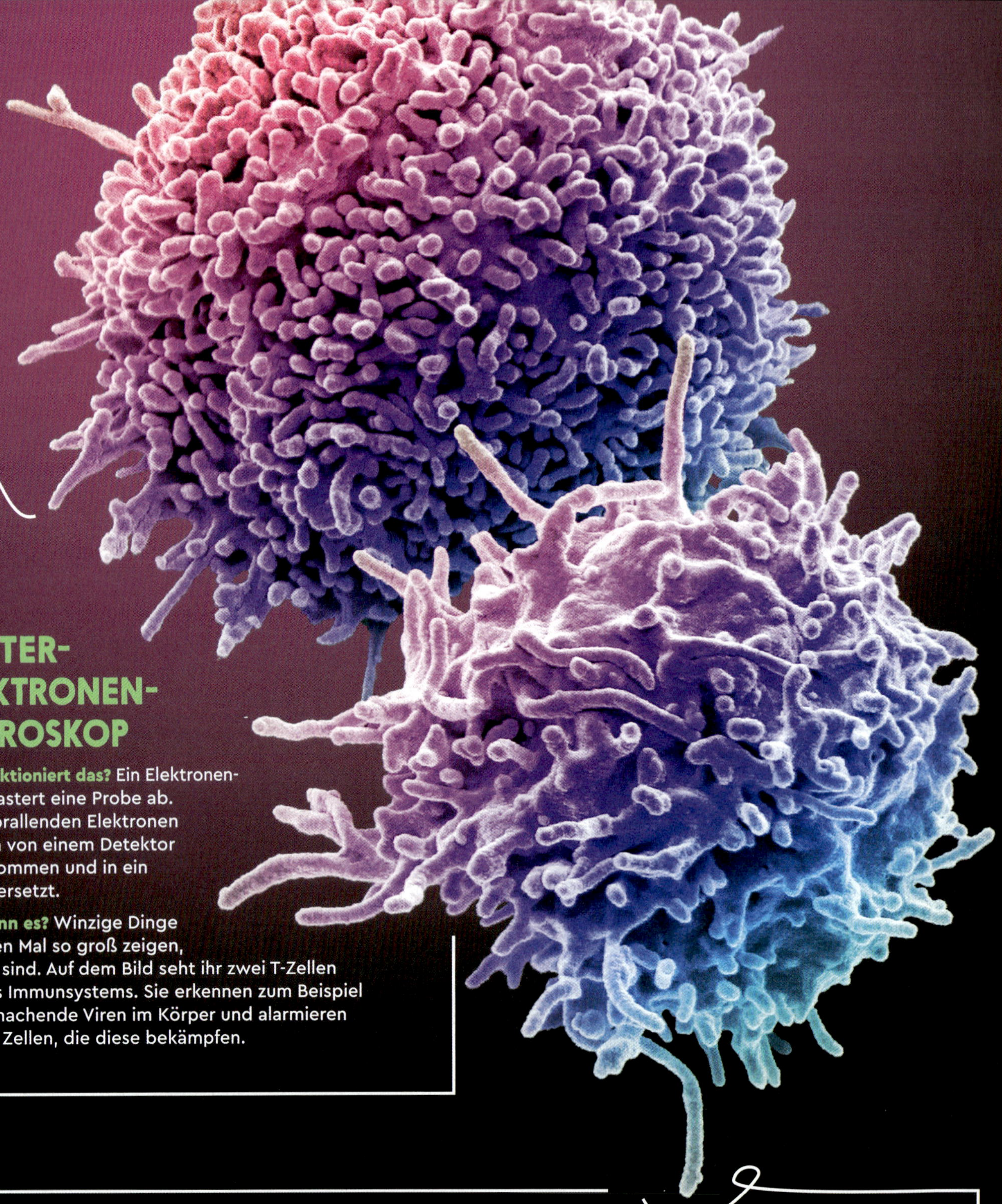

RASTER-ELEKTRONEN-MIKROSKOP

Wie funktioniert das? Ein Elektronenstrahl rastert eine Probe ab. Die abprallenden Elektronen werden von einem Detektor aufgenommen und in ein Bild übersetzt.

Was kann es? Winzige Dinge Millionen Mal so groß zeigen, wie sie sind. Auf dem Bild seht ihr zwei T-Zellen unseres Immunsystems. Sie erkennen zum Beispiel krank machende Viren im Körper und alarmieren andere Zellen, die diese bekämpfen.

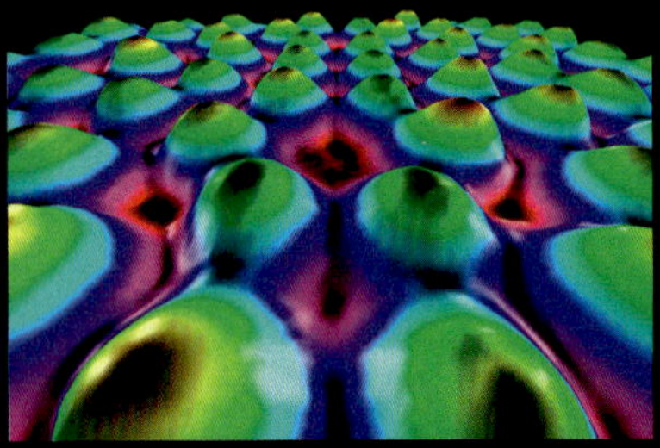

RASTERTUNNEL-MIKROSKOP

Wie funktioniert das? Eine Metallspitze wird Linie für Linie über die untersuchte Oberfläche gefahren (gerastert). Dabei „erfühlt" sie Höhenunterschiede, die dann in ein Bild übersetzt werden.

Was kann es? Einzelne Atome abbilden. Im Foto links seht ihr zum Beispiel Silizium-Atome auf einem Computerchip, die als grüne Hügel emporragen.

FLUORESZENZ-MIKROSKOP

Wie funktioniert das? Manche Stoffe nehmen ultraviolette Strahlung auf und senden dafür sichtbares Licht aus – sie fluoreszieren. Mit Fluoreszenz-Mikroskopen schaut man dieses Licht an.

Was kann es? Zum Beispiel winzige Teile in Pflanzen hervortreten lassen, die anders fluoreszieren als ihre Umgebung – so wie die kugeligen Pollen im Staubbeutel einer Acker-Schmalwand rechts.

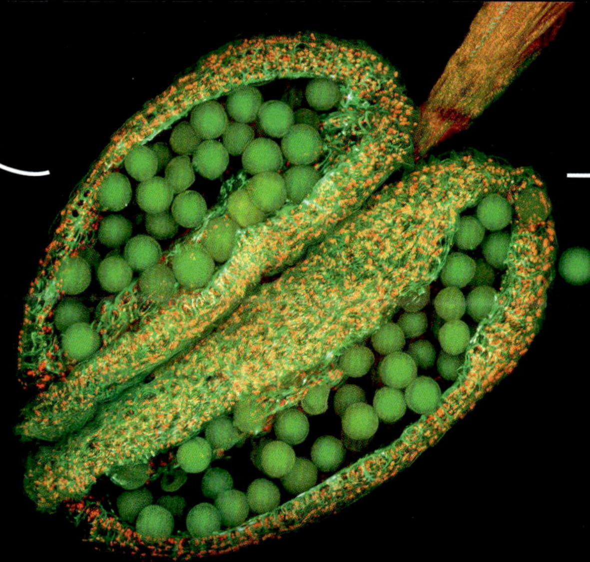

Richtungen auseinanderlaufen, wenn sie sich durch enge Objekte quetschen müssen. Genau dann verschwimmt das Bild. Und Hindernisse, die winziger sind als sie selbst, „überspülen" sie einfach, ohne sie abzubilden. Weil mit unseren Augen sichtbare Lichtwellen je nach Farbe etwa 0,0004 bis 0,0008 Millimeter lang sind, bleiben kleinere Lebewesen und Dinge unsichtbar.

Millionenfach vergrößert

Zum Glück finden die deutschen Physiker Ernst Ruska und Max Knoll 1931 eine geniale Lösung für das Lichtproblem: Sie bestrahlen Proben mit Elektronen – winzigen geladenen Teilchen. Diese haben viel mit Licht gemein: Sie lassen sich bündeln und mit Magnetfeldern steuern, so wie Licht mit Glaslinsen. Und prallen sie auf Gegenstände, werden sie ganz ähnlich abgelenkt wie Licht. Zwar können wir Elektronen nicht sehen, aber das macht nichts: Die Teilchen lassen sich mit speziellen Detektoren aufnehmen und in sichtbare Bilder übersetzen.

Mit guten Elektronenmikroskopen können Forschende Dinge heute maximal millionenfach vergrößern. In dieser Auflösung lassen sich selbst Viren beobachten, die Zwerge unter den Zwergen in unserem Körper. Sie sind oft nur ein Zehntausendstel Millimeter groß, lösen aber unzählige Krankheiten wie Schnupfen, Fieber, Durchfall oder eben Covid-19 aus.

Bitte abtasten!

Alles, was in der Mikrowelt lebt, lässt sich also mit Licht- oder Elektronenmikroskopen beobachten. Doch gibt es noch kleinere Objekte, Atome etwa, die Bausteine unserer Welt. Sie sind so winzig, dass selbst eine Kette aus 100 Millionen von ihnen gerade mal einen Zentimeter misst!

Um diese „Pünktchen" zu beobachten, nutzen Forschende einen anderen Trick: Sie „tasten" Objekte mit raffinierten Apparaten ab. Diese „Rastertunnel-Mikroskope" funktionieren etwa, wie wenn ihr mit dem Finger über eine Oberfläche fahrt. Nur dass sie eine extrem dünne Nadel benutzen. Auf der Fahrt wackelt die Spitze bei jedem Hindernis auf und ab. Diese Bewegung wird dann in ein Bild übersetzt. So können Wissenschaftlerinnen und Wissenschaftler selbst einzelne Atome sehen oder auf Oberflächen herumschubsen. Fachleute der Computerfirma IBM haben auf diese Weise sogar einen Film gedreht: Er zeigt einen Jungen, der mit einem einzelnen Atom Ball spielt. Der Junge ist nicht einmal ein Millionstel Zentimeter groß. Noch kleinere Ballspieler verstecken sich selbst in der Mikrowelt nirgendwo. ■

Fotos: imago (l. o.); mauritius (l. u.); Heiti Paves/SPL (r. o.)

GEOlino WERKSTATT

VERWANDELT EUER SMARTPHONE IN EIN MIKROSKOP

Hingucker!

Wow, wie groß ist das denn? Unser Werkstatt-Team zeigt euch, wie ihr mit Plexiglas, ein paar Schrauben, Muttern und einem **Smartphone** Kleinigkeiten in ganz neuem Licht sehen könnt

Seid ihr ganz dicht? Mit dem Smartphone-Mikroskop auf jeden Fall – nämlich ganz dicht dran! Schließlich gelingen damit **Nahaufnahmen** von Euro-Münzen, Blättern, Schrauben, Wollfäden oder Fliegen

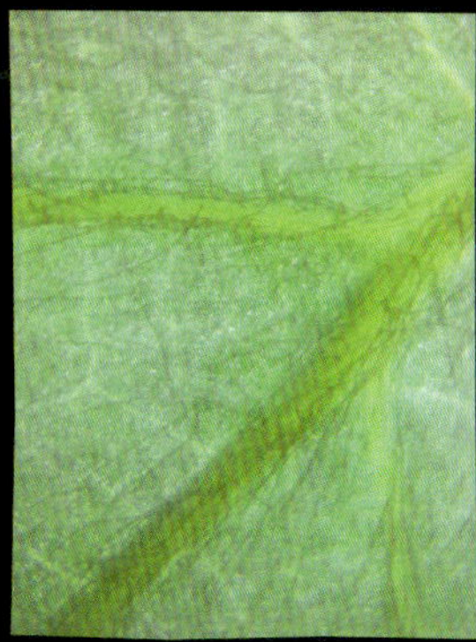

Fotos: Moritz Münch/GEOlino; privat (1)

So bringt ihr Kleines groß raus:

Wählt den Kameramodus auf dem Smartphone aus. Platziert dieses so, dass sein Objektiv genau über der Makrolinse in der Auflageplatte liegt. Zusammen funktionieren Handykamera und Linse nun wie ein Mikroskop. Legt das Untersuchungsobjekt auf die Objektträgerplatte und korrigiert die **Position** des Telefons noch einmal. Nun dreht ihr so lange parallel an den Flügelmuttern, bis das Bild auf dem Display des Smartphones scharf wird. Dazu bringt ihr die Objektträgerplatte ziemlich nah an die Grundplatte heran. Für den besten Durchblick leuchtet ihr das Objekt von unten aus: Schaltet das LED-Licht ein! Das klappt natürlich nur bei Dingen, die ansatzweise durchsichtig sind, etwa bei Blättern.

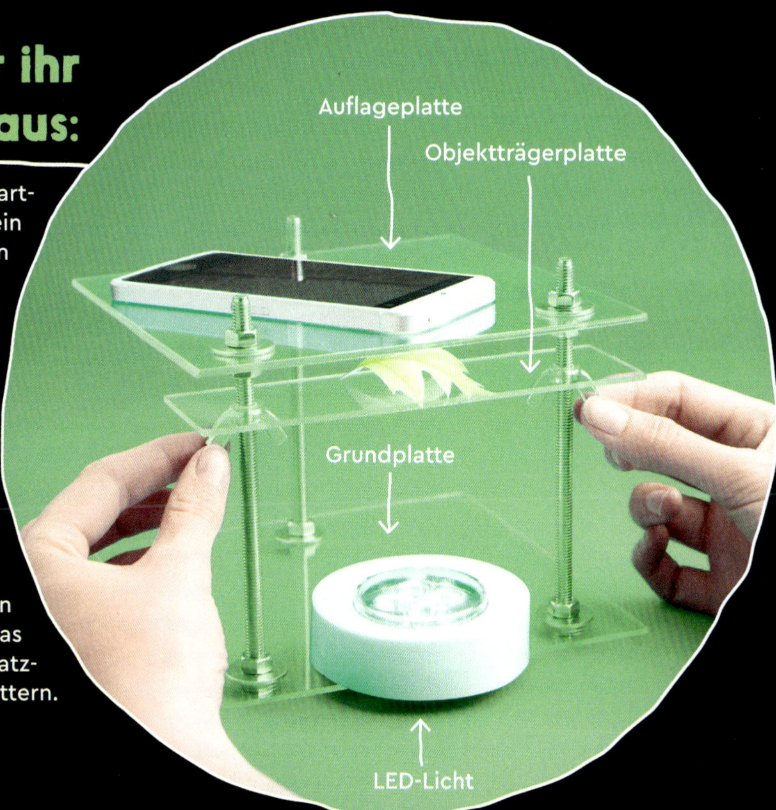

IHR BRAUCHT:
1 Makrolinse (etwa aus einem Laserpointer) • 2 Platten 15×15 cm, 1 Platte 15×4 cm Bastelglas (Polystyrol 2 mm aus dem Baumarkt, foliert, glatt und klar) • 3 Schrauben M6 12 cm lang • 9 passende Unterlegscheiben • 9 Muttern M6 • 2 Flügelmuttern M6 • LED-Licht (möglichst flach) • Klebefilm • wasserfester Stift • Akkubohrer mit Metallbohrersatz (auf jeden Fall: 6-mm-Bohrer) • Feile • dünne Rundfeile • Spitzzange • und natürlich: 1 Smartphone
Eventuell: Sekundenkleber • doppelseitiges Klebeband • Cutter • Lineal

TIPP: Zieht die **Schutzfolie** auf dem Bastelglas erst ganz zum Schluss ab, damit es nicht zerkratzt.

Hier geht's zur Bauanleitung!

So wird's gemacht:

1 Lasst euch am besten im Baumarkt die **Platten** aus Bastelglas zurechtschneiden. Sonst bittet ihr einen Erwachsenen, das mit einem scharfen Cutter und einem Lineal zu erledigen. Feilt die Kanten glatt. Legt alle Platten (Grund-, Auflage- und Objektträgerplatte) übereinander (kleines Bild) und sichert das Ganze mit ein paar Streifen Klebefilm.

2 Markiert die drei Bohrungen, wie im Bild zu sehen, und legt das Plattenpaket auf eine dicke Unterlage. Bohrt vorsichtig mit dem Akkubohrer an allen **Markierungen** durch alle Platten. Dort hinein kommen später die Schrauben. Löst den Klebefilm. Schraubt den Laserpointer auseinander und fummelt die Linse heraus. Zu schwierig? Lasst euch von einem Erwachsenen helfen!

3 Habt ihr die **Makrolinse** parat, sucht euch einen Bohrer, der einen etwas kleineren Durchmesser hat als die Linse (kleines Bild). Bohrt damit in der Auflageplatte genau in die Mitte zwischen den beiden Bohrungen für die vorderen Schrauben ein Loch für die Makrolinse.

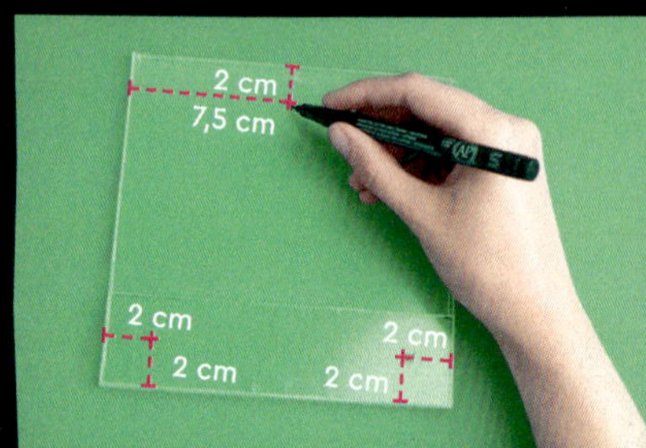

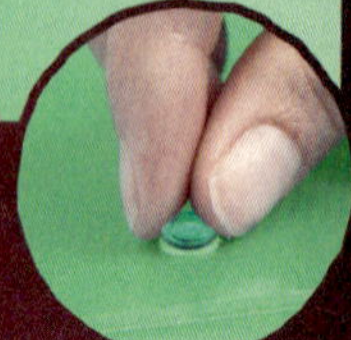

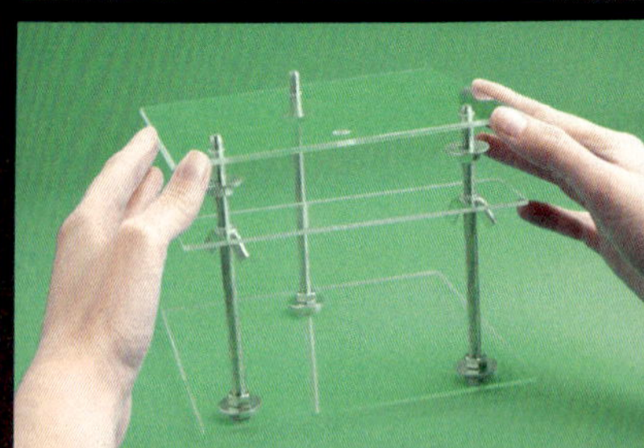

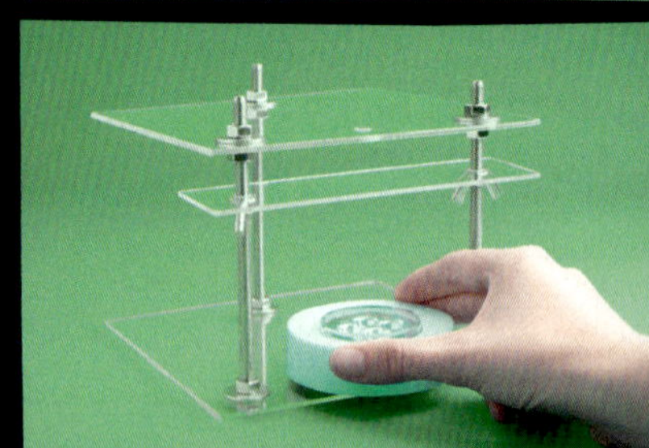

4 Feilt mit der **Rundfeile** das Loch für die Makrolinse behutsam etwas größer – so weit, dass sie sich hineinklemmen lässt (kleines Bild). Wenn das Loch zu groß geworden ist: Keine Panik, ihr könnt die Linse dann mit zwei Tröpfchen Sekundenkleber befestigen.

5 Steckt die drei Schrauben von unten durch die Grundplatte, dann jeweils eine Unterlegscheibe und eine Mutter drüber. Zieht die Muttern fest. Dreht die **Flügelmuttern** verkehrt herum auf die beiden vorderen Schrauben. Steckt die Objektträgerplatte über beide Schrauben. Setzt wieder auf alle Schrauben je eine Mutter und eine Unterlegscheibe, dann die Auflageplatte, danach wieder je eine Unterlegscheibe und eine Mutter.

6 Zum Durchleuchten von Objekten platziert ihr die **LED-Leuchte** mittig unter den Objektträger; damit sie nicht verrutscht, könnt ihr sie mit einem kleinen Streifen doppelseitigem Klebeband fixieren. Jetzt müsst ihr euch nur noch ein Smartphone schnappen, und los geht's!

TIPP: Für den richtig guten Blick sorgt ein **Objektträger** – den könnt ihr euch aus Bastelglas-Resten ganz leicht selbst anfertigen: Legt etwa unebene Objekte zwischen zwei Platten und fixiert alles mit zwei Streifen Klebefilm an den Rändern.

Fotos: Moritz Münch/GEOlino

ab 7 Jahren

Für Rätselfans: Die neuen GEOLINO Rätselkrimis

Die neue Buchreihe für alle, die gerne ermitteln und recherchieren, startet mit den ersten zwei Bänden: „Der gestohlene Streifenkiwi" und „Die Oldtimerjagd im Technikmuseum".
Die DKHF, Detektei für knifflige und hoffnungslose Fälle, braucht deine Hilfe. Löse die spannenden Rätsel, um die Fälle aufzuklären. Vor dir liegt ein aufregendes Abenteuer mit versteckten Hinweisen, Geheimschriften und Labyrinthen.

Preise: 12,00 € (D) / 12,40 € (A) / Fr. 17,90 (CH)

Wow!

Neu!

GEOLINO Experimentierkasten „Wetterstation"

Mit diesem Set verwandelt sich eine leere Flasche in eine kleine Wetterstation. Damit beobachtest du nicht nur die Temperatur, sondern misst auch die Niederschlagsmenge und die Windgeschwindigkeit sowie -richtung. Und mittels Erde und ein paar Samen wird die Flasche zusätzlich zu einem kleinen Gewächshaus.

Preise: 14,95 € (D/A) / Fr. 16,95 (CH)

GEOLINO Experimentierkasten „Chemie"

Es blubbert, schäumt und reagiert! Mit dieser Experimentierbox wirst du zum echten Chemie-Forscher. Verblüffende Experimente lassen Cola erblassen oder mysteriöse Gruselwolken entstehen.
Spannende Versuche zur Nachhaltigkeit machen dich fit für die Zukunft!

Preise: 49,95 € (D/A) / Fr. 59,95 (CH)

GEOLINO Wissensbox

In spannenden Sach-Hörspielen führt Wissensexperte Wigald Boning durch die beliebtesten Themen. Gemeinsam machen wir eine Zeitreise in die Vergangenheit, erforschen das Leben der Menschen sowie Geheimnisse der Erde und entdecken Unerwartetes aus der Tierwelt. Locker, witzig und auch mal ernst, wird das Wissen immer so vermittelt, dass Kinder und Erwachsene Spaß haben zuzuhören und Neues zu lernen.

Preise: 25,00 € (D/A) / Fr. 27,50 (CH)

ab 5 Jahren

Neue Teile der GEOLINO MINI Hörspielreihe

Ralph Caspers führt uns durch die kunterbunten Geschichten und erlebt gemeinsam mit seinen Insekten-Freunden Grashüpfer Georg, Mistkäfer Mo und Libelle Belle lehrreiche Abenteuer. Zusammen erfahren wir alles rund um die Themen Feuerwehr, Pferde und Ponys, Ritter und Burgen, Sterne und Planeten, Bauernhof, Meere und Ozeane.
Im Doppelpack zum Vorteilspreis.

Preise im Bundle
je 16,99 € (D/A) / Fr. 19,99 (CH)

Neu!

Jetzt bestellen unter www.geoshop.de/kinder2022

(Bitte geben Sie immer den Aktionscode an: G00209)

RÄTSEL

Extratour

Habt ihr schon alle Geschichten gelesen? Dann knackt ihr diese Knobeleien bestimmt. Wenn nicht: Viel Spaß beim Suchen! Die Lösungen verstecken sich nämlich im Heft

1. Auf wen treffen folgende Aussagen zu?

- lebt sogar in Pottwalen und in der Antarktis
- ist das am häufigsten vorkommende Tier der Welt
- futtert praktisch alles

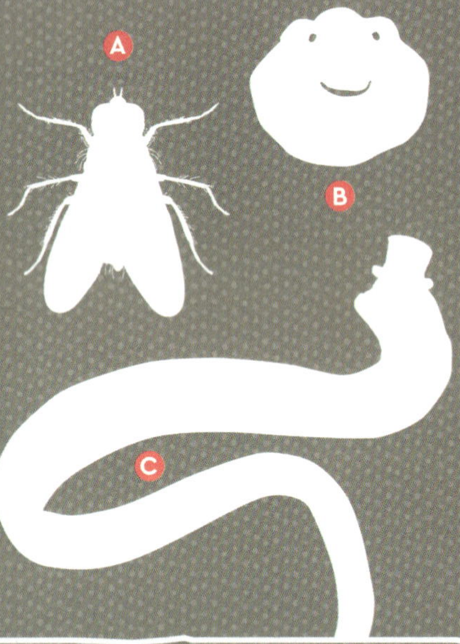

2. Welche Tarnkünstler haben wir hier zusammengesetzt?

3. Wen überführen diese Fasern?

4. Viele Tiere haben Supersinne, mit denen sie für uns unsichtbare Dinge wahrnehmen. Welchen gibt es aber nicht?

A Das Schnabeltier besitzt am Kopf viele Tausend Sensoren, mit denen es elektrische Ströme versteckter Beute spüren kann, etwa kleiner Krebse.

B Schlangen erkennen mit einem „Grubenorgan" Lebewesen an ihrer Wärmestrahlung, auch wenn deren Körpertemperatur nur ein Hundertstel Grad höher ist als die der Umgebung!

C Der Fangschreckenkrebs nimmt Farben mit 14 verschiedenen Sinneszellen auf – im menschlichen Auge sitzen nur drei. Damit kann der Krebs sogar UV-Strahlung sehen.

D Der Sternmull tastet die Erde um sich herum mit 22 fingerartigen Hautzipfeln ab und erschmeckt damit mehr als 150 Bakterienarten!

5. Sechs Freunde sprechen über unsichtbare Welten. Wie viele sagen die Wahrheit? Kombiniert ihre Antworten, um es herauszufinden!

Mit Rastertunnelmikroskopen kann man selbst Atome sichtbar machen!

Und mit Lidar-Lasern in schwarze Löcher schauen.

Erwachsene Menschen können Schiffe auf ruhigem Meer aus fünf Kilometer Entfernung erkennen.

Das ist nichts gegen Jagdvögel. Die erkennen eine Laus noch aus Hunderten von Metern!

Paula und Laura haben beide recht oder beide unrecht.

Jim schwindelt.

6. Wozu verwendet man Mikrowellen?

7. Welchen Beruf hat dieser Mann?

8. Wer passt nicht in diese Reihe?

Exosphäre • Troposphäre • Hipposphäre • Stratosphäre

9. Nach wem sucht das SETI-Projekt?

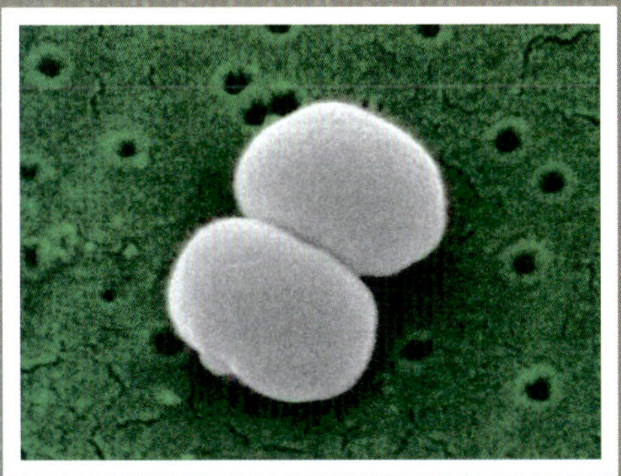

AUFLÖSUNG

1. C. Das am häufigsten vorkommende Tier kann nur der Fadenwurm sein *(mehr auf Seite 56)*
2. Gecko, Laubfrosch und Fetzenfisch *(mehr dazu auf dem Poster)*
3. Textil-Expertin Angelika Schwetz überführt anhand solcher Fasern Verbrecherinnen und Verbrecher *(lest über ihren Beruf auf Seite 60)*
4. D. Der Sternmull untersucht mit Hautfingern an seiner Nase zwar kleine Tiere im Boden, winzige Bakterien schmeckt er damit aber nicht *(mehr über die Supersinne der Tiere erfahrt ihr ab Seite 24)*
5. Drei. Lucy, Bob und Jim haben recht *(mehr dazu ab den Seiten 30, 62, 32 und 13)*
6. Zum Beispiel, um Essen in der Mikrowelle zu erwärmen oder Daten per WLAN zu übertragen *(mehr dazu im Startblock auf Seite 14)*
7. Chris Ehrlich ist Magier und normalerweise größer *(wie ihr ab Seite 40 sehen könnt)*
8. In der Hipposphäre geht es um Pferde, die anderen Begriffe bezeichnen Schichten der Atmosphäre *(lest die Geschichte auf Seite 32)*
9. Das SETI-Projekt sucht seit über 60 Jahren nach außerirdischem Leben, also Typen wie Eskil *(mehr dazu im Comic ab Seite 74)*

Fotos und Illustrationen: imago (l. m., r. m., r. m. l.); Manuel Kilger (r. m. m.); Benedikt Beck (r. u. l.); Shutterstock

Die DOPPEL-X-AGENTEN

Folge 23: **Abenteuer im All**

Ein Junge im Rollstuhl, ein dickköpfiges Mädchen und eine Schildkröte mit Sprachfehler: Das sind die Doppel-X-Agenten. Sie lüften so manches Geheimnis – im Auftrag von Professor XX

Idee & Text: Björn Krause —— Illustration: Manuel Kilger

Isch krieg disch!
Vorsicht, Jada! Wir müssen deinen ganzen Kram schnell einsammeln, bevor er die Geräte zerstört.
Noch mal kurz zum Auftrag, Leute: Wir sollen in Regionen des Weltalls vordringen, die noch nie ein Mensch zuvor gesehen hat. Unser Ziel: unbekannte Planeten katalogisieren. Und, wenn möglich: außerirdisches Leben finden.
Isch glaube ja nischt, dass es kleine grüne Männschen gibt! Wird nischt chon ewig danach gesucht?
Stimmt! Seit über 60 Jahren mühen sich Forschende in sogenannten SETI-Projekten damit ab, Aliens aufzuspüren. SETI ist die englische Abkürzung für „Search for Extraterrestrial Intelligence“, also: „Suche nach außerirdischer Intelligenz“. Sie nutzen dabei vor allem Radioteleskope, haben bis heute aber nichts gefunden.
Könnte man nischt einfach von der Erde aus dursch ein rischtig gutes Teledings gucken?
Das heißt T-e-l-e-s-k-o-p, Jada. Und manche Teleskope werden auch weit in den Weltraum geschossen. Erst Ende vergangenen Jahres machte sich zum Beispiel das James-Webb-Teleskop auf die Reise. Es soll 1,5 Millionen Kilometer von der Erde entfernt um die Sonne kreisen und die ältesten Galaxien des Alls erkunden, die uns bislang verborgen blieben.
Alles klar, wenn das Teleskop nicht auf der Erde steht, kann es sehr viel weiter in den Weltraum schauen, stimmt's?
Atmosphäre
Stimmt, Maya! Die Erde ist generell ein schlechter Ort, um Sterne zu beobachten. Das liegt daran, dass sie von einer Schicht aus Gasen umhüllt ist, der Atmosphäre. Diese verschluckt einen großen Teil der Strahlung aus dem All – Infrarotlicht zum Beispiel, das von kalten Gaswolken ausgesandt wird. Oder Röntgenstrahlung, die von explodierenden Sternen ausgeht. Viele Objekte des Weltraums sind deshalb von der Erde aus unsichtbar. Im All gibt es diese Störungen nicht, der Blick zu den Sternen ist gestochen scharf.
Isch hab was über die Raumsonde „Voyager 1“ gelesen, die inzwischen mehr als 22 Milliarden Kilometer von der Erde entfernt sein soll, um das All zu erkunden. Reischt das denn nischt?
Die Voyager 1 ist tatsächlich weiter von der Erde weg als jedes andere menschgemachte Objekt. Das reicht trotzdem nicht, uns jedenfalls nicht! Aber jetzt setzt euch bitte wieder hin und schnallt euch an. Gleich starten wir die nächste Phase.

Wenn ich diesen Schalter hier nach vorn schiebe, beschleunigt unser Raumschiff auf 30 000 000 Kilometer pro Sekunde – das ist etwa das 100-Fache der Lichtgeschwindigkeit. Dieser Antrieb ist meine bisher größte Erfindung! Damit fliegen wir in nur 12,2 Minuten an Voyager 1 vorbei, die für dieselbe Strecke gut 45 Jahre gebraucht hat.
Ähm, hält unser Raumschiff die Überlichtgeschwindigkeit denn überhaupt aus?
Das tut es! Erinnert ihr euch noch an den Goldbarren, den wir als Bezahlung für unseren letzten Auftrag bekommen haben? Ich habe ihn eingeschmolzen und nach einer streng geheimen Formel ein extrem widerstandsfähiges Material geschaffen, das sich über das komplette Schiff zieht. Also dann: 3, 2, 1, Zündung!
Und tatsächlich: Wenige Stunden später erreichen die Agenten einen bislang unbekannten Stern in unserer Milchstraße
Also isch hätte lieber eine Goldkette daraus gemacht.
Kurz darauf gerät die Space-XX One in einen Kometenregen
Ohoh, das war ein Volltreffer!
Als der Spuk vorbei ist, weiß Agent Smart sofort, was zu tun ist
Wenn wir diese Risse nicht reparieren, riskieren wir, dass die Hülle bricht. Macht euch bereit für einen Außeneinsatz!

Wenig später legen Maya und Jada los. Per Funk hält Luke zu ihnen Kontakt
Hey, Luke, sag mal: Glaubst du wirklich an Außerirdische?
Auf jeden Fall. Das All ist so unfassbar groß, warum sollte da unsere Erde der einzige bewohnte Planet sein?! Der amerikanische Physiker Frank Drake hat vor 40 Jahren sogar eine Formel aufgestellt, mit der man berechnen kann, wie viele intelligente Zivilisationen es gibt. Dazu hat er sich überlegt, was Lebewesen, die so schlau sind wie wir Menschen, alles brauchen.
Auf ihrem Heimatplaneten müsste zum Beispiel die richtige Temperatur herrschen: nicht so heiß wie auf der Venus, aber auch nicht so frostig wie auf dem Mars. Dann könnte Leben entstehen. Drake hat sich noch überlegt, wie wahrscheinlich das alles ist, und kam auf 10 000 Zivilisationen – allein in unserer Milchstraße!
Während Luke referiert, kommen die Arbeiten an der Außenhülle nur schleppend voran
Verflixt, jetzt klemmt auch noch das Sicherungsseil!
RITSCH
Hilfe! Jada, tu doch was!
Isch komme!
Agent Smart gerät in Panik
Oh nein! Wenn Jadas Sicherungsseil zu kurz ist und sie Maya nicht erreichen kann, ist Maya verloren. Wieso habe ich den beiden bloß keine Raketenrucksäcke mitgegeben?! Dann hätte Maya damit zurückdüsen können.

Isch komm nischt ran!
Denk nach, Luke, denk nach! Du bist der schlauste Junge auf dem Planeten. Dir muss, muss, muss etwas einfallen. JETZT!
Aber zum ersten Mal in seinem Leben hat Agent Smart keine Lösung parat. Ein paar endlose Minuten später klopft es an der Raumschifftür
KLOPF
KLOPF
Jada?! Warte, ich muss noch meinen Helm aufsetzen …
Eine gefühlte Ewigkeit später öffnet Luke die Tür
Un-fass-bar!
Hallo! Ich glaube, du hast die beiden hier verloren, oder?
Es gibt wirklich außerirdisches Leben! Ich habe so viele Fragen: Wie heißt du? Von welchem Planeten kommst du? Wart ihr schon einmal auf der Erde? Und natürlich vielen Dank, dass du Maya gerettet hast!
Gern! Ich heiße Eskil und komme vom Planeten Fibbing. Umgerechnet bin ich etwa 500 Erdenjahre alt – und trotzdem noch nicht erwachsen. Genau das ist das Problem! Meine Eltern haben mir verboten, eine ganz bestimmte Grenze im All zu überschreiten …

… aber ich habe mich nicht daran gehalten und euren Planeten immer wieder heimlich besucht. Jedes Mal habe ich ein bisschen was gebaut. So wie Menschenkinder das tun, nur eben nicht mit bunten Plastiksteinen – sondern richtig große Sachen: die ägyptischen Pyramiden, Stonehenge, die Nazca-Linien, Moai, also die großen Steinfiguren auf den Osterinseln, das ist alles von mir!
Moment mal! Das ist doch totaler Quatsch, den Eskil da verzapft …
Doch selbst Agent Smart begreift, dass das grade nicht der richtige Zeitpunkt ist, Eskil einen seiner Vorträge zu halten …
Das ist der totale Wahnsinn, Eskil! Das müssen wir unbedingt auf der Erde erzählen und ein Treffen vereinbaren!
Bitte nicht – noch nicht! Ich habe gehört, dass es ein ganz bestimmtes Datum für eine Zusammenkunft geben soll. Wenn herauskommt, dass wir schon Kontakt hatten, bekomme ich richtig Ärger!
Das wollen wir natürlich nicht, Eskil. Wir werden schweigen. Obwohl das sicher *DIE* Nachricht der gesamten Menschheitsgeschichte gewesen wäre!
Danke! Leider muss ich euch auch darum bitten, euer Schiff zu zerstören, sobald ihr zurück seid, damit nicht noch einmal jemand so weit ins All fliegt. Ich weiß, das ist viel verlangt. Im Gegenzug schenke ich euch diese Kristalle. Ihr werdet staunen, was ihr damit anstellen könnt! Und jetzt sollten wir uns verabschieden. Bis bald!
Zurück in der Erdatmosphäre aktiviert Luke den Selbstzerstörungsmodus. Auf die Agenten wartet bereits ein Bergungsschiff, um sie einzusammeln
Da geht es hin, mein Lebenswerk.
Sei nicht traurig, Luke. Du hast das Richtige getan!
Nachdem sie aus dem Meer gefischt wurden, erzählen die Agenten alles, was sie erlebt haben. Jedenfalls fast alles
Wir haben die Kakaostraße entdeckt mit Millionen von Sternen und Planeten, aber dann schlug ein Komet in unser Raumschiff ein, und wir mussten die Mission abbrechen. Wir konnten uns gerade noch zur Erde zurück retten, bevor unser Raumschiff mit allen Daten explodiert ist.
Sie glauben doch nicht im Ernst daran, dass kleine grüne Männschen dahinter-chtecken, oder?
ENDE

TIPPS & INFOS

Mehr zum THEMA

TOP-3 MUSEEN

UNSICHTBARE WELTEN

Das Unsichtbare sichtbar machen – wie ihr in diesem Heft gelesen habt, ist das gar nicht so einfach. Auch die Reiss-Engelhorn-Museen in Mannheim zeigen in ihrer Ausstellung „Unsichtbare Welten" faszinierende Beispiele.

Ihr erfahrt, wie sich Fledermäuse im Stockdunkeln orientieren, wie wir unter die menschliche Haut blicken oder Fingerabdrücke aufspüren. Der Rundgang wird euch an jeder Stelle erstaunen und zum Mitmachen anregen – im Verborgenen gibt es schließlich viel zu entdecken!

Reiss-Engelhorn-Museen • Museum Weltkulturen D5, 68159 Mannheim • bis 30. Juli 2023 • www.rem-mannheim.de

DIALOG IM DUNKELN

Auf Seite 50 habt ihr gelesen, wie sich Fenja im Alltag zurechtfindet, obwohl sie blind ist. Wie schwierig das ist, könnt ihr im Hamburger „Dialog im Dunkeln" am eigenen Leib erfahren. Dort führen euch nicht sehende Guides durch einen Parcours im Finsteren.

Dialog im Dunkeln • Alter Wandrahm 4, 20457 Hamburg • www.dialog-in-hamburg.de

RÖNTGENMUSEUM

Wilhelm Conrad Röntgen hat mit seiner Erfindung die Medizin revolutioniert: Dank ihr lässt es sich leicht ins Innere unseres Körpers blicken. In Remscheid geht ihr der Technik auf den Grund und werdet selbst zu Forschenden.

Deutsches Röntgenmuseum • Schwelmer Str. 41, 42897 Remscheid • www.roentgenmuseum.de

BUCH

Wichtige Winzlinge

DARUM GEHT'S: Wahrscheinlich habt ihr längst die Nase voll von den kleinen Biestern, die uns krank machen. Vielleicht ist aber durch Corona euer Interesse an Viren und Bakterien erst geweckt worden. Das Sachbuch ist auf dem neuesten Stand der Wissenschaft und erklärt euch in kurzen Texten absolut alles über sie, außerdem über die Wirkung von Impfstoffen und Medikamenten.

DARUM LOHNT ES SICH: Das geballte Fachwissen wird euch hier alles andere als trocken nähergebracht, mit vielen witzigen Illustrationen.

Karsten Brensing, Katrin Linke: Die spannende Welt der Viren und Bakterien • Loewe • 192 Seiten • 16,95 Euro

BUCH

GUT VERSTECKT

DARUM GEHT'S: Das Leben in der Wildnis birgt viele Gefahren. Sich zu tarnen gehört für viele Tiere zur wichtigsten Verteidigungsstrategie. „Meister der Tarnung" bietet euch glänzende, großformatige Fotos von Schlangen, Leoparden, Vögeln oder Echsen – und dazu noch jede Menge Informationen zu Lebensraum und -weise jeder vorgestellten Art.

DARUM LOHNT ES SICH: Bildband oder Nachschlagewerk? Dieses Buch ist beides! Der Preis ist stattlich, aber der Inhalt ebenso – und an dem finden sicher auch eure Eltern Gefallen.

Steve Parker: Meister der Tarnung • wbg Theiss • 240 Seiten • 38 Euro

BUCH

Reingelegt!

DARUM GEHT'S: Plötzlich dreht sich die Spirale auf dem bedruckten Papier. Ein paar schwarze Punkte heben ab und schweben über den anderen. Und warum sieht ein Bild so aus, als sei es mehrmals geknickt? Auf jeder Seite führt euch dieses Buch in die Irre. Oder besser gesagt: euer Gehirn! Denn das kann ganz leicht auf die falsche Spur geführt werden und Dinge „sehen", die gar nicht da sind.

DARUM LOHNT ES SICH: „Optische Täuschungen" wartet mit vielen Überraschungen auf und bringt euch manchmal ganz schön ins Grübeln.

Optische Täuschungen • Dorling Kindersley • 32 Seiten • 22 Euro

SPIEL

Wer ist der Bösewicht?

DARUM GEHT'S: Wer böse Absichten hegt, sollte alles daran setzen, sie gut zu verbergen. Dazu gehört es zu bluffen, falsche Fährten zu legen und auch mal die eine oder andere Unwahrheit zu sagen. Bei diesem Partyspiel – bis zu zehn Personen können mitmachen – schlüpfen die Spielenden in unterschiedliche Rollen. Das Ziel der Mehrheit: die unsichtbaren Werwölfe in der Gruppe zu enttarnen.

DARUM LOHNT ES SICH: Das Spiel bringt jede Feier in Schwung. Bald erscheint zusätzlich zur Basisversion auch eine Sammelbox mit vielen Varianten.

Ted Alspach, Akihisa Okui: Werwölfe – Vollmondnacht • Ravensburger • für 3 bis 10 Personen • etwa 14 Euro

Fotos: rem (l.); PR; Illustrationen: Shutterstock

VORSCHAU

Das nächste Heft erscheint am 13. Juli 2022

Damwild, Rotwild oder Reh? Kein Grund, zum **Hirsch** zu werden! Wir verraten euch, wie ihr die Geweihträger unterscheiden könnt

UNSER WALD

Der Wald ist wirklich sagenhaft! Dort spielen zahlreiche **Märchen** und Legenden. Wir finden heraus, warum

Grüner wird es nicht in diesem Jahr, versprochen! Schließlich nehmen wir euch in unserer nächsten Ausgabe mit zu Buchen und Eichen, Tannen und Kiefern – in unsere heimischen Wälder. Wir pirschen im Nationalpark Hainich **Wildkatzen** hinterher und berichten, wie sie geschützt werden. In der Uckermark begleiten wir Mädchen und Jungen in eine Wildnisschule, wo sie lernen, Feuer zu machen und **Fährten** zu lesen. Erfahrt außerdem, warum auch Bäume permanent im Netz abhängen – und über ein Geflecht aus Wurzeln und Pilzfäden Nachrichten austauschen. Und unser **Werkstatt-Team** zeigt euch, wie ihr Tannenzapfen, Kastanien und andere Forst-Fundstücke tierisch gut in Szene setzt.

Auch mit DVD erhältlich!

Fotos: Gerald Haenel/laif (l. o.); Marc Beckmann (r. m.); David Weyand (r. u.); Shutterstock